BOTTICELLI
Geburt der Venus, um 1482
Florenz, Uffizien

Peter Burke liefert auf knappstem Raum eine hervorragende Einführung in die Renaissanceforschung von Jacob Burckhardt bis hin zu neuesten Publikationen. Sämtliche Gattungen der Kunst, Literatur und Musik werden umfassend behandelt.

In seinem einführenden Essay zu den verschiedenen Phänomenen der Renaissance versucht er, den von Jacob Burckhardt geschaffenen Mythos vom »Individualismus« und der »Moderne« der Kultur dieser Epoche, den Mythos vom »wahrhaft modernen Menschen«, zu relativieren. Er betont vor allem in seinem zentralen Kapitel »Italien: Wiederbelebung und Erneuerung der Antike«, daß dem »modernen Menschen« mittelalterliche Gepflogenheiten gar nicht so fremd waren. Antike Vorbilder wie das Colosseum, das Pantheon, Werke antiker Dichter wie die Ciceros oder Vergils wurden in modifizierter Form den sozialpolitischen und kulturellen Belangen der Zivilisation des 15. und 16. Jahrhunderts angeglichen. Im Kapitel über »Die Renaissance im Ausland« betrachtet Burke die Vor- und Nachteile, die Innovationen und Differenzen in der Entwicklung der Renaissance außerhalb Italiens. Abschließend diskutiert er das Phänomen des Manierismus als eine »Reaktion auf eine soziale Krise« zwischen Reformation und Gegenreformation.

Der bedeutende englische Historiker Peter Burke hat einen jener verständlichen und einführenden Überblicke geschrieben, wie sie den Lehrenden in den angelsächsischen Ländern glücklicherweise immer wieder abverlangt werden, zum Nutzen der Studenten und interessierter Laien.

Peter Burke, geboren 1937 in London, lehrt Kulturgeschichte am Emmanuel College in Oxford. Wichtige Veröffentlichungen in deutscher Sprache: ›Die Renaissance in Italien‹ (1984); ›Städtische Kultur in Italien zwischen Hochrenaissance und Barock‹ (1986); ›Soziologie und Geschichte‹ (1989). Im Fischer Taschenbuch Verlag liegen vor: ›Vico. Philosoph, Historiker, Denker einer neuen Wissenschaft‹ (Bd. 10284) und ›Ludwig XIV. Die Inszenierung des Sonnenkönigs‹ (Bd. 12337).

Peter Burke
Die Renaissance

Aus dem Englischen von
Robin Cackett

Fischer
Taschenbuch
Verlag

Veröffentlicht im Fischer Taschenbuch Verlag GmbH,
Frankfurt am Main, Juli 1996

Lizenzausgabe mit freundlicher Genehmigung des
Verlags Klaus Wagenbach, Berlin
© 1987 Peter Burke
Für die deutsche Ausgabe:
© 1990 Verlag Klaus Wagenbach, Berlin
Gesamtherstellung: Clausen & Bosse, Leck
Printed in Germany
ISBN 3-596-12289-9

Gedruckt auf chlor- und säurefreiem Papier

Inhalt

Der Mythos
der Renaissance
9

Italien:
Wiederbelebung und Erneuerung
der Antike
19

Die Renaissance im Ausland
oder:
Vom Nutzen und Nachteil Italiens
51

Die Auflösung
der Renaissance
83

Schluß
101

Auswahlbibliographie
109

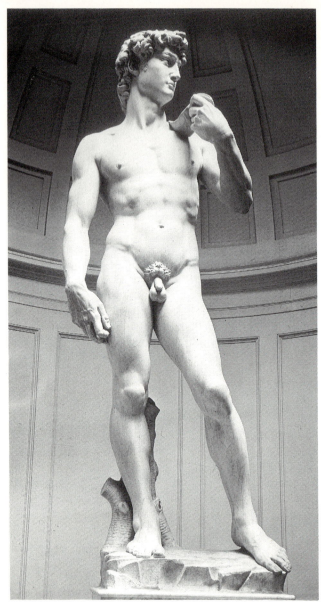

MICHELANGELO
David, 1501/1504,
Florenz, Galleria dell'Accademia

Der Mythos der Renaissance

»Beim Klang des Wortes ›Renaissance‹«, so bemerkte der holländische Historiker Johan Huizinga, »sieht der Träumer vergangener Schönheit Purpur und Gold« [9]*. Vor seinem – oder ihrem – geistigen Auge erscheinen Botticellis *Geburt der Venus*, Michelangelos *David*, Leonardos *Mona Lisa*, Erasmus, die Loireschlösser und Spensers *Faerie Queene*, verschmolzen zur Gesamtschau eines goldenen Zeitalters der Kreativität und Kultur.

Dieses Bild *der* Renaissance – mit bestimmtem Artikel – geht auf die Mitte des neunzehnten Jahrhunderts zurück, auf den französischen Historiker Jules Michelet (den es begeisterte), auf den Kunsthistoriker John Ruskin (dem es mißfiel), vor allem aber auf den Schweizer Kulturhistoriker Jacob Burckhardt, dessen berühmtes Werk *Die Kultur der Renaissance in Italien* von 1860 die Epoche durch die beiden Begriffe »Individualismus« und »Moderne« definierte. »Im Mittelalter«, meinte Burckhardt, »lagen die beiden Seiten des Bewußtseins... wie unter einem gemeinsamen Schleier träumend oder halbwach; ...der Mensch... erkannte sich nur als Rasse, Volk, Partei, Korporation, Familie oder sonst in irgendeiner Form des Allgemeinen.« Im Italien der Renaissance jedoch »verweht dieser Schleier in die Lüfte; ...der Mensch wird geistiges *Individuum* und erkennt sich als solches« [Abschn. II, Kap. 1]. Die Renaissance bedeutete den Anbruch der Moderne. Die Italiener waren, so Burckhardt, »die Erstgeborenen unter Europas Söhnen«. Der Dichter Petrarca aus dem vierzehnten Jahrhundert galt ihm als »einer der ersten wahrhaft modernen Menschen«. Die große Erneuerung der Kunst und Ideen nahm in Italien ihren Ausgang, und in einer späteren Phase breiteten sich die neuen Einstellungen und künstlerischen Formen über das restliche Europa aus.

---

* Die Ziffern verweisen auf die Auswahlbibliographie, Seite 109 ff.

LEONARDO
Mona Lisa, um 1503
Paris, Louvre

Dieses Bild der Renaissance ist ein Mythos. Der Ausdruck »Mythos« ist zweideutig, und ich verwende ihn bewußt in doppeltem Sinn. Wenn Geschichtswissenschaftler von »Mythen« sprechen, dann meist, um irgendwelche Behauptungen über die Vergangenheit zu charakterisieren, die sich als falsch oder zumindest als irreführend erweisen lassen. An Burckhardts Darstellung der Renaissance mißfällt ihnen die dramatische Gegenüberstellung von Renaissance und Mittelalter, der scharfe Gegensatz zwischen Italien und dem restlichen Europa. Diese pointierten Gegenüberstellungen erscheinen der heutigen Geschichtsforschung übertrieben. Sie blenden die zahlreichen Neuerungen aus, die im Laufe des Mittelalters eingeführt wurden; sie übersehen das Fortbestehen traditioneller Einstellungen bis ins sechzehnte Jahrhundert hinein, wenn nicht darüber hinaus; sie vernachlässigen das Interesse der Italiener an der niederländischen Malerei und Musik.

Die zweite Bedeutung des Ausdrucks »Mythos« ist mehr literarischer Natur. Danach ist der Mythos eine symbolische Geschichte, deren Charaktere gewisse übermenschliche Züge tragen (sie sind schwärzer oder weißer als im wirklichen Leben); die Geschichte besitzt eine Moral, spielt in der Regel in der Vergangenheit und wird erzählt, um gegenwärtige Zustände zu erklären oder zu rechtfertigen. Burckhardts Bild der Renaissance ist auch in diesem Sinn ein Mythos. Die Charaktere seiner Geschichte, seien es Helden wie Alberti und Michelangelo oder Bösewichte wie die Borgias, tragen sämtlich übermenschliche Züge. Seine Geschichte erklärt und rechtfertigt zugleich die moderne Welt und ist insofern symbolisch, als sie kulturelle Veränderungen in den Metaphern des Erwachens und der Wiedergeburt beschreibt. Diese Metaphern wurden nicht nur aus stilistischen Gründen gewählt, sondern bilden das Fundament, auf dem Burckhardts Deutung ruht.

Nun waren diese Metaphern auch zu Burckhardts Tagen nicht neu. Seit Mitte des vierzehnten Jahrhunderts hatte sich eine wachsende Zahl von Gelehrten, Schriftstellern und Künstlern in Italien und anderswo des Bildes der Erneuerung bedient, um ihr Lebensgefühl in einem neuen Zeitalter zu beschreiben, einem Zeitalter der Regeneration, Erneuerung, Restauration, der Wiederbelebung, Wiedergeburt, Wiedererweckung oder des Wiederhinaustretens ins

GIOTTO
Der bethleheminische Kindermord, um 1303/1305
Assisi, S. Francesco, Unterkirche

Licht nach einer Epoche, die sie selbst als erste das »dunkle Zeitalter« nannten.

Doch selbst zur Zeit der Renaissance waren diese Metaphern nicht neu. Bereits der römische Dichter Vergil zeichnete in seiner vierten *Ekloge* ein lebendiges Bild von der Wiederkunft des goldenen Zeitalters, und auch im Johannesevangelium wird die Vorstellung von einer Wiedergeburt angesprochen: »Wenn jemand nicht von neuem geboren wird, kann er das Reich Gottes nicht sehen« (Joh. 3,3). Wenn sich die Verwendung dieser Metaphern zwischen 1300 und 1600 vom früheren Gebrauch in irgendeiner Weise unterscheidet, dann darin, daß man sie auf eine wissenschaftliche und künstlerische Bewegung anwandte statt auf politische oder religiöse Erneuerungen. Leonardo Bruni beispielsweise pries noch 1430 den Dichtergelehrten Petrarca als den ersten, »der ausreichend Würde und Genie besaß, um die verlorene und verschwundene Ele-

RAFFAEL
Madonna aus dem Hause Canigiani, 1506/1507
München, Alte Pinakothek

ganz des alten Stils zu erkennen und wieder ans Licht zu bringen«.
Erasmus erklärte gegenüber Papst Leo X., daß »unser Zeitalter«,
dank der Wiederbelebung von Gelehrsamkeit und Frömmigkeit,
»ein goldenes Zeitalter zu sein verspricht«, während Giorgio Vasari
sich beim Aufbau seines Werks über die *Leben der ausgezeichnetsten
Maler, Bildhauer und Baumeister* von der Vorstellung einer dreistufi-
gen Erneuerung der Künste leiten ließ, die zur Zeit Giottos begann
und in Leonardo, Raffael und, vor allem, in Vasaris eigenem Lehrer, Michelangelo, ihren Höhepunkt erreichte.

Wie alle Selbstbildnisse ist auch dasjenige der Renaissancekünst-
ler und -gelehrten ebenso aufschlußreich wie irreführend. Wie
andere Söhne, die gegen die Generation ihrer Väter revoltierten,
verdankten sie dem verunglimpften Mittelalter mehr, als ihnen lieb
war. So sehr sie ihre Distanz zur jüngeren Vergangenheit über-
schätzten, so sehr unterschätzten sie zugleich die Entfernung, die sie
von der älteren Vergangenheit, der bewunderten Antike, trennte.
Die Vorstellung von der Wiedergeburt der Antike war ein Mythos,
insofern sie ein irreführendes Bild von der Vergangenheit propa-
gierte. Sie war ein Traum und eine Wunscherfüllung, durch die der
antike Mythos von der ewigen Wiederkehr neu aufgelegt, ja leibhaftig reinszeniert wurde [10, Kap. 10].

Burckhardts Fehler bestand darin, der Selbsteinschätzung der
Gelehrten und Künstler der Renaissancezeit zu folgen, ihren Mythos von der Wiedergeburt für bare Münze zu nehmen und zu
einem kulturgeschichtlichen Werk auszuarbeiten. Er fügte der alten
Formel von der Erneuerung der Künste und der Wiederbelebung
der klassischen Antike einige neue Begriffe wie den des Individualismus, des Realismus und der Moderne hinzu. Das skeptische
Wort des englischen Historikers E. H. Carr, »Studiere den Historiker, bevor du die Geschichte studierst«, ist im Fall Burckhardts
trefflich am Platze. Burckhardt fühlte sich aus persönlichen Gründen von der Renaissance und ihrem Selbstbild stark angezogen. Er
empfand die Schweiz als ausgesprochen öde und spießig, und das
vergangene wie das zeitgenössische Italien boten ihm eine willkom-
mene Zuflucht. In seiner Jugend benutzte er eine italienische
Umschrift seines Namens und unterschrieb als »Giacomo Bur-
cardo«. Er betrachtete sich selbst als einen ganz unabhängigen Indi-

MICHELANGELO
Gott erschafft Sonne und Mond, 1511
Rom, Sixtinische Kapelle

vidualisten und sah in der Renaissance das Zeitalter des Individualismus. Doch welche persönlichen Gründe es für Burckhardt auch gegeben haben mag, sie erklären weder den breiten Erfolg seiner neuen Thesen noch die wachsende Begeisterung für die Renaissance im späten neunzehnten Jahrhundert (etwa unter Intellektuellen wie Walter Pater, Robert Browning und John Addington Symonds in England sowie vergleichbaren Persönlichkeiten auf dem Kontinent). Diese Phänomene erhellen sich erst vor dem fast religiösen Kult, der in neu errichteten Tempeln – sogenannten »Museen« – um die bildenden Künste getrieben wurde, und aus dem Interesse der Künstler und Schriftsteller des letzten Jahrhunderts am »Realismus« und »Individualismus«. Wie Erasmus und Vasari projizierten auch sie ihre Ideale in die Vergangenheit und schufen sich ihren Mythos vom goldenen Zeitalter, vom kulturellen Wunder.

Dieser aus dem neunzehnten Jahrhundert stammende Mythos der Renaissance wird immer noch von vielen Leuten sehr ernst genommen. Fernsehgesellschaften und Reiseunternehmer verdienen noch heute ihr Geld damit. Nach Ansicht der professionellen Historiker jedoch läßt dieses Bild der Renaissance mehr und mehr zu wünschen übrig. Nicht daß das Zeitalter und die Bewegung der Renaissance ihre Anziehungskraft auf die Geschichtswissenschaftler verloren hätten, aber das erhabene Gebäude, das Burckhardt und seine Zeitgenossen vor gut hundert Jahren errichteten, hat der Zeit nicht unbeschadet standgehalten. Namentlich die Mediävisten haben seine Fundamente untergraben [10, Kap. 11]. Ihre in vielen Details vorgetragenen Einwände lassen sich grob in zwei Gruppen aufteilen.

Zum einen scheint sich herauszukristallisieren, daß die sogenannten »Renaissancemenschen« in Wirklichkeit ziemlich mittelalterliche Züge trugen. Ihr Verhalten, ihre Voraussetzungen und ihre Ideale waren weit traditioneller, als wir gemeinhin annehmen – und traditioneller, als sie selbst sich eingestanden. Sogar Petrarca, der uns im weiteren öfter beschäftigen wird, weil er sowohl als Dichter wie als Gelehrter eine große Kreativität entfaltete, und der, laut Burckhardt, »einer der ersten wahrhaft modernen Menschen« war, scheint aus heutiger Sicht viele Eigenschaften mit jenen Jahrhunderten gemein zu haben, die er selbst als »dunkel« bezeichnete [72]. Zwei der berühmtesten Bücher, die im Italien des sechzehnten Jahrhunderts geschrieben wurden, Castigliones *Cortegiano* und Machiavellis *Principe*, erscheinen uns heute tiefer im Mittelalter verwurzelt als ehedem vermutet. Castigliones *Hofmann* bezieht sich nicht nur auf klassische Texte wie Platons *Gastmahl* und Ciceros *Vom rechten Handeln*, sondern auch auf die mittelalterlichen Traditionen höfischen Verhaltens und ritterlicher Minne [63]. Selbst Machiavellis *Fürst* gehört, obwohl er manche überkommene Weisheit gezielt auf den Kopf stellt, in gewisser Hinsicht einem mittelalterlichen Genre an, jenem der sogenannten »Fürstenspiegel«, die den Herrschern Ratschläge und Verhaltensmaßregeln an die Hand gaben [29, 68].

Zweitens haben die Mediävisten zahlreiche Argumente dafür zusammengetragen, daß es sich bei der Renaissance nicht um ein so einzigartiges Ereignis handelte, wie Burckhardt und seine Zeitgenossen dachten, und daß der Ausdruck »Renaissance« eigentlich in

der Mehrzahl gebraucht werden sollte. Es gab während des Mittelalters mehrere »Renaissancen«, namentlich eine im zwölften Jahrhundert und eine zur Zeit Karls des Großen. In beiden Fällen waren
die literarischen und künstlerischen Leistungen von einem wieder-
auflebenden Interesse an klassischer Bildung begleitet, und in beiden Fällen beschrieben die Zeitgenossen ihr Zeitalter als eines der
Wiederbelebung, der Wiedergeburt oder der »Erneuerung« [4, 78].

Kühne Geister, wie etwa Arnold Toynbee, sind noch einen
Schritt weiter gegangen und haben auch außerhalb des Abendlandes, sei es in Byzanz, in der islamischen Welt oder gar im Fernen
Osten, Renaissancen entdeckt. »Indem wir das Wort Renaissance
als Eigennamen gebrauchten«, schrieb Toynbee in seiner *Study of
History*, »sind wir unversehens dem Irrtum verfallen, ein bestimm-
tes Ereignis als einzigartig zu betrachten, während es sich in Wirklichkeit lediglich um eine bestimmte Ausformung eines wiederkeh-
renden historischen Phänomens handelt« [85]. Zwar reduziert
Toynbee mit seinem pointierten »lediglich« die komplexe Bewegung der Renaissance auf jenes Merkmal, dem sie ihren Namen
verdankt, doch tut er sicherlich recht daran, sie in einen weltge-
schichtlichen Kontext zu rücken, indem er auf andere Renaissancen
des »Hellenismus« (wie er die Klassik nennt) außerhalb Europas
sowie auf die Renaissancen »toter« einheimischer Traditionen in
China und Japan aufmerksam macht. Man kann diese Wiederbele-
bungsbewegungen mit Personen vergleichen: Sie besitzen ihre je
eigenen Charakteristika und gehören dennoch in gewissem Sinn
zur selben »Familie«.

Was schließen wir daraus? Gab es nun eine Renaissance oder gab
es keine? Wenn wir unter »Renaissance« ein Zeitalter in Purpur und
Gold verstehen, ein isoliertes Kulturwunder, einen plötzlichen Ein-
bruch der Moderne, so lautet meine Antwort: Nein. Wenn wir jedoch, eingedenk der Errungenschaften des Mittelalters oder der
außereuropäischen Welt, unter »Renaissance« ein Ensemble von
Veränderungen in der abendländischen Kultur verstehen, so
scheint mir der Ausdruck als Ordnungsbegriff nach wie vor von
gewissem Nutzen. Dieses Ensemble von Veränderungen genauer
zu beschreiben und zu deuten, wird das Ziel der folgenden Kapitel
sein.

TINTORETTO
Christus bei Maria und Martha, um 1580
München, Alte Pinakothek

Italien:
Wiederbelebung und Erneuerung der Antike

Obschon die herkömmliche Auffassung von der Renaissance, in der Italien als aktiver und kreativer Produzent und das restliche Europa als passiver und nachahmender Rezipient erscheinen, revidiert werden muß, ist es doch ausgeschlossen, nicht mit Italien zu beginnen. Das vorliegende Kapitel wird sich deshalb mit den wichtigsten künstlerischen, literarischen und ideellen Veränderungen von Giotto (etwa 1266–1337) bis Tintoretto (1518–94) und von Petrarca (1304–74) bis Tasso (1544–95) beschäftigen. Ich werde versuchen, diese Veränderungen – gleichviel ob Wiederbelebung oder Erneuerung – in ihren kulturellen und sozialen Kontext zu stellen. Zwar fehlte es jener Zeit offensichtlich nicht an schöpferischen Individuen (es waren in der Mehrzahl Männer), die in ihren Werken ihre Persönlichkeit zum Ausdruck brachten. Aber wenn wir den kulturellen Wandel über die dreihundert Jahre von 1300 bis 1600 verfolgen, so wird ebenso deutlich, daß es sich bei diesen Werken um kollektive Errungenschaften handelte, die aus der Zusammenarbeit kleiner Gruppen entstanden, von denen jede Generation auf den Arbeiten ihrer Vorgänger aufbaute. Im Rahmen dieses relativ kurzen Essays scheint es angebracht, den kollektiven Aspekt in den Vordergrund zu stellen und die Renaissancebewegung als Ganzes zu betrachten.

Zu den hervorstechendsten Merkmalen dieser Bewegung gehört, wie rückhaltlos sie sich für die Wiederbelebung einer anderen Kultur einsetzte und in wie vielen Bereichen und Medien sie dieser anderen, antiken Kultur nacheiferte. Es ist dies nicht das einzige wichtige Merkmal der italienischen Renaissance, aber vielleicht ein ganz günstiger Ausgangspunkt.

Die Wiederbelebung klassischer Formen zeigt sich am deutlichsten in der Architektur, von den Grundrissen bis hin zum einzelnen

Rom, Pantheon

Rom, Konstantinsbogen

Rom, Colosseum

Rom, Marcellustheater

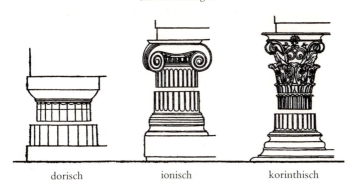

Säulenordnungen

dorisch ionisch korinthisch

Ornament [83, Kap. 26–27]. Es ist nicht sehr erstaunlich, daß die Wiederbelebung griechischer und römischer Architektur in Italien ihren Ausgang nahm, wo eine Reihe antiker Bauwerke, namentlich das Pantheon, das Colosseum, der Konstantinsbogen und das Marcellustheater (sämtlich in Rom) die Zeiten mehr oder weniger unversehrt überlebt hatten und wo das Klima eine Imitation dieser Bauwerke erheblich leichter machte als andernorts. Generationen von Architekten, unter anderem Filippo Brunelleschi (1377–1446), Donato Bramante (etwa 1444 bis 1514) und Andrea Palladio (1508–80), pilgerten nach Rom und studierten und vermaßen diese Bauwerke, um ihre eigenen Entwürfe nach den klassischen Prinzipien auszurichten. Ihre Arbeit wurde durch eine antike Abhandlung über Architektur erleichtert, die die Jahrhunderte überlebt hatte und um 1486 zum ersten Mal in den Druck ging: die *Zehn Bücher über die Baukunst* des Römers Vitruv. Vitruv betont die Wichtigkeit von Symmetrie und Proportion für die Architektur und vergleicht die Struktur eines Bauwerks mit der des menschlichen Körpers. Er erläutert die Regeln für den korrekten Gebrauch der »drei Ordnungen«, das heißt der dorischen, ionischen und korinthischen Säulen und der entsprechenden Friese, Karniese und so fort. Nach klassischen Proportionen wurden etwa Brunelleschis Kirchen San Lorenzo und Santo Spirito in Florenz sowie Leon Bat-

BRUNELLESCHI
Pazzi-Kapelle,
Florenz

BRUNELLESCHI
Santo Spirito,
Florenz

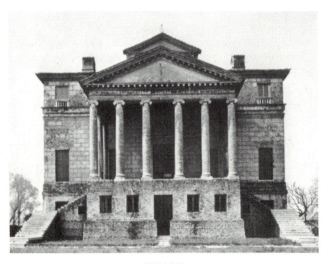

PALLADIO
La Malcontenta,
Fusina

tista Albertis San Francesco in Rimini gebaut. Die 1502 in Montorio in Rom von Bramante errichtete Kirche San Pietro brach mit dem traditionellen mittelalterlichen kreuzförmigen Grundriß und folgte der kreisförmigen Anlage eines typisch römischen Tempels, was ihr den italienischen Spitznamen *Tempietto* (Tempelchen) einbrachte. Es ist die erste Kirche, die vollständig in dorischem Stil gehalten ist. Der große Portikus der Villa Foscari (Spitzname: *La Malcontenta*), von Palladio kurz vor 1560 in Fusina bei Venedig errichtet, erinnert ebenfalls an einen römischen Tempel. In diesem Fall wurde auf den ionischen Stil zurückgegriffen. Da keine römischen Landhäuser oder Villen überlebt hatten, griff man beim Bau der Renaissancevillen, von Poggio a Caiano um 1480 bis hin zu Pratolino um 1570 (beide im Auftrag der Medici), auf Beschreibungen zurück, die Plinius der Jüngere in seinen Briefen von seinen Landhäusern und Gartenanlagen gegeben hatte [21, 22, 23].

Was die Bildhauerei betraf, so war zwar keine antike Abhandlung wie diejenige Vitruvs erhalten, aber dennoch waren die klassischen Vorbilder von überragender Bedeutung [19, 20]. Wie sein Freund Brunelleschi ging der Bildhauer Donatello nach Rom, um die antiken Ruinen zu studieren, und der für seine kleinen Bronzen berühmte Buonaccolsi (mit dem Spitznamen *Antico*) wurde mit demselben Ziel von seinem Förderer, dem Marquis von Mantua, in die Ewige Stadt entsandt. Um 1500 war die klassische Marmorkunst unter kultivierten Italienern zur Mode geworden, und Papst Julius II. zählte zu den begeistertsten Sammlern. Julius besaß den größten Teil der Meisterwerke, die seinerzeit aufgefunden wurden, unter anderem den *Apoll vom Belvedere* (benannt nach der päpstlichen Villa, in der er ausgestellt wurde) und den noch berühmteren *Laokoon*, eine Szene aus Homers *Ilias*, in der der troische Priester von den Schlangen Apollons zermalmt wird. Die neuen Renaissanceskulpturen nahmen in aller Regel klassische Genres wieder auf, und es entstanden Porträtbüsten, Reiterstandbilder oder Figuren und Figurengruppen aus der antiken Mythologie. Michelangelos *Bacchus* ist hierfür ein schönes Beispiel, und die Nachahmung des klassischen Stils war dem Künstler so hervorragend gelungen, daß man die Statue eine Weile lang für authentisch hielt.

In der Malerei waren antike Quellen und Vorlagen weit schwieri-

oben: Die *Laokoon*-Gruppe,
links: *Der Apoll vom Belvedere*
Rom, Vatikanische Museen

ger zu finden. Es gab in diesem Bereich keinen Vitruv, ja noch nicht einmal einen Laokoon. Von einigen wenigen Wandmalereien in Neros Goldenem Haus in Rom abgesehen, war die klassische Malerei zur Zeit der Renaissance vollständig unbekannt, eine Tatsache, die sich erst mit der Ausgrabung Pompejis im späten achtzehnten Jahrhundert änderte. Wie die Architekten und Bildhauer waren auch die Maler bestrebt (oder seitens ihrer Förderer dazu angehalten), sich an der Antike zu orientieren, doch mußten sie sich ihrem Ziel auf verschlungeneren Wegen nähern, sei es, indem sie ihre Figuren in der Pose berühmter klassischer Statuen zeigten, sei es, indem sie aufgrund von Beschreibungen in antiken Texten die verlorengegangenen klassischen Gemälde zu rekonstruieren versuchten [3, 12]. Botticellis *Verleumdung* zum Beispiel folgt der Beschreibung eines verlorenen Werks des Apelles, die sich bei dem griechischen Schriftsteller Lukian findet. Getreu einem Diktum Horazens, wonach die Malerei in Analogie zur Dichtung stand, versuchte man, aus den literarischen Kompositionsprinzipien der Antike Regeln für die Malerei abzuleiten. Auch in der Musik bemühte man sich – vor allem zwischen 1540 und 1560 – den antiken Stil mit Hilfe schriftlicher Quellen, in diesem Fall klassischer Abhandlungen, zu reproduzieren [53].

DONATELLO
David, um 1440
Florenz, Bargello

MICHELANGELO
Bacchus, 1496/97
Florenz, Bargello

Das Aufkommen des Porträts als einer eigenen Gattung gehörte zu den Entwicklungen, die durch das Leitbild der Antike gefördert wurden. Die Porträts des fünfzehnten Jahrhunderts zeigten ihre Modelle gewöhnlich im Profil, als seien sie den Kaiserköpfen auf römischen Münzen nachempfunden, und sie endeten, gleich klassischen Marmorbüsten, kurz unterhalb der Schultern. Erst um 1500 lösten sich Künstler wie Leonardo und Raffael von dieser Konvention und schufen Gemälde, für die es keinerlei klassische Vorläufer gab: Das Modell wurde von vorne oder mit nur leicht abgewandtem Gesicht gemalt, in halber oder ganzer Größe, sitzend oder stehend, im Gespräch mit Freunden oder während es den Dienern Weisungen erteilt [75].

In mindestens einem entscheidenden Punkt entwickelte sich die Malerei jener Epoche jedoch ohne jeden Rückgriff auf die Antike; ich meine die Entdeckung der Grundsätze der Linearperspektive. Es ist zwar nicht ausgeschlossen, daß die antiken Künstler diese Grundsätze kannten, aber auf jeden Fall waren sie bis zu ihrer Wiederentdeckung durch Brunelleschi und seine Freunde im fünfzehnten Jahrhundert verloren. Das Beispiel veranschaulicht, welch große Affinität zwischen den beiden Zeitaltern bestand, und läßt vermuten, daß sich die zahlreichen Ähnlichkeiten nicht allein durch Nachahmung erklären lassen [18].

Sowohl in der klassischen Antike wie in der Renaissance befaßten sich die Künstler besonders mit der äußeren Erscheinung der Dinge, eine Tendenz, die Burckhardt als »Realismus« bezeichnete. Der Ausdruck steht hier in Anführungszeichen, nicht nur, weil er mehrdeutig ist (»Realismus« als Kunst der Illusion, als Wahl eines Motivs aus dem »wirklichen Leben«, was immer das sein mag; und so weiter), sondern auch weil Künstler immer dasjenige darstellen, was für sie real ist, und weil es Kunst ohne Konvention schlechterdings nicht gibt. Selbst die perspektivische Darstellung kann, dem Kunsthistoriker Erwin Panofsky zufolge, als eine »symbolische Form« angesehen werden: Auch die Darstellung der Welt nach den Grundsätzen der Linearperspektive setzt die Annahme beziehungsweise Ablehnung ganz bestimmter Wertvorstellungen voraus [18].

Im Fall der Künstler des Mittelalters müssen wir diese Wertvorstellungen selbst ableiten. Noch im Fall Giotto können wir dessen

ALBERTI
Selbstportrait, um 1435
Paris, Louvre

RAFFAEL
Julius II., 1511
Florenz, Uffizien

Ringen um die Dreidimensionalität, oder genauer: um die Körperlichkeit der Figurendarstellung, nur auf indirektem Weg erschließen. Im Italien des fünfzehnten und sechzehnten Jahrhunderts begannen Künstler und Gelehrte jedoch damit, ihre Gedanken über Kunst schriftlich und gegen Ende dieses Zeitalters in Buchform (etwa in Vasaris *Leben*) festzuhalten. Anhand dieser Quellen wird deutlich, welche Probleme die Künstler zu lösen versuchten, und welchen Wert sie bestimmten Eigenschaften wie etwa der »Naturtreue«, der Illusion lebendiger Bewegung, dem Eindruck einer möglichst eleganten Lösung von Schwierigkeiten oder der – schier unmöglich zu definierenden – »Anmut« beimaßen [6, Kap. 6; 15].

Ich habe diese Erörterung mit der Architektur, Malerei und Plastik begonnen, weil wir heutzutage beim Klang des Wortes Renaissance als erstes an die bildenden Künste denken. Damals hingegen wurden (zumindest seitens der Gebildeten) Literatur und Bildung, die sogenannten »freien Künste«, für wichtiger erachtet als die »mechanischen Künste«, ein Begriff, der – trotz aller Einwände

Petrarca
Gemälde von Justus van Gent,
nach 1476

Tasso
Kupferstich von
R. Morghen

Leonardos und anderer – die Malerei, Bildhauerei und Architektur mit dem Landbau, der Weberei und der Navigation in einen Topf warf. Das neue Zeitalter sollte vor allem die Wiedergeburt der *bonae litterae* bedeuten, das heißt der Sprache, Literatur und Bildung. So jedenfalls die Meinung der Gelehrten und Schriftsteller, deren Darstellungen der großen zeitgenössischen Erneuerung uns heute noch überliefert sind, während uns die Künstler (mit der bedeutenden Ausnahme Vasaris) über ihre Ansicht zum Thema nur spärliche Zeugnisse hinterlassen haben. Es ist wichtig, diese Unausgewogenheit der Quellenlage im Gedächtnis zu behalten.

Als Sprache »wiedergeboren« oder »wiederbelebt« wurde damals nicht das Italienische, sondern das klassische Latein. Das mittelalterliche Latein galt hinsichtlich des Vokabulars, der Schreibweise (*michi* statt des klassischen *mihi*), der Syntax und vieler anderer Eigenheiten zunehmend als »barbarisch«. »Nicht nur hat seit vielen Jahrhunderten niemand mehr richtig Latein gesprochen«, erklärte etwa der Gelehrte Lorenzo Valla um 1440, »es hat noch nicht einmal jemand richtig verstanden, was er gelesen hat«. Wohingegen sich in Lorenzos Tagen der Ehrgeiz manches Gelehrten darauf richtete, es im schriftlichen Ausdruck Cicero gleichzutun.

Gelehrte trugen auch maßgeblich zur Wiederbelebung der wichtigsten literarischen Gattungen des alten Rom bei: des Epos, der Komödie, der Ode, des Pastorale und so fort [46]. Bereits Mitte des vierzehnten Jahrhunderts verfaßte der große toskanische Dichter und Gelehrte Francesco Petrarca ein lateinisches Epos, *Africa*, über das Leben des großen römischen Feldherrn Scipio Africanus. Es war die erste der zahlreichen Nachahmungen von Vergils *Aeneis* und folgt ganz den vorgegebenen Konventionen: Die Erzählung beginnt in der Mitte der Handlung (mit späteren Rückblenden) und schildert abwechselnd die irdischen Heldentaten und die göttlichen Ratsversammlungen. Tassos *Befreites Jerusalem*, eine Geschichte über den Ersten Kreuzzug, ist gleichzeitig eines der christlichsten und klassischsten Epen der Renaissance. Die Tragödien wurden in der melodramatischen Manier des Seneca verfaßt, so daß sich auf der Bühne die Leichen stapelten, und die Komödien, die im Stil den römischen Vorlagen von Plautus und Terenz folgten, präsentierten das gesamte klassische Bühnenfach, vom gestrengen Vater über den verschlagenen Diener bis hin zum prahlerischen Legionär, Identitätsverwechslungen selbstredend miteingeschlossen. Die lateinische Poesie der Renaissance brachte Oden nach Art des Horaz hervor, Epigramme nach Art des Martial und bukolische Gedichte nach Art der *Eklogen* Vergils, in denen die Schäfer in arkadischen Landstrichen ihre Schalmeien blasen und schmachtend ihre Geliebte besingen. Ideen wurden häufig in Form von Dialogen erörtert, die sich an antike Schriftsteller wie Platon oder Cicero anlehnten, während die Geschichtsschreibung von Florenz, Venedig und anderer italienischer Staaten sich am Vorbild von Livius' Geschichte Roms orientierte.

Die Tatsache, daß – zumindest bis 1500 – die in den Landessprachen verfaßte Literatur weit weniger ernst genommen wurde, verdient besondere Betonung. Wenn Petrarca heutzutage vor allem wegen seiner italienischen Liebeslyrik geschätzt wird, so hätte er selbst es doch gewiß vorgezogen, von der Nachwelt wegen seines lateinischen Epos *Africa* erinnert zu werden. Es gehört zu den Paradoxien der Renaissance, daß das klassische Latein zur Sprache der Erneuerung wurde. Mehr als ein Jahrhundert liegt zwischen den ersten lateinischen Renaissancekomödien und ihren italienischen

Nachfolgern wie Ariosts *Suppositi* (1509) und Kardinal Bibbienas *Calandria* (1513). Leonardo Brunis lateinische *Geschichte des florentinischen Volkes* datiert aus dem frühen fünfzehnten Jahrhundert, während das erste italienische Geschichtswerk, Francesco Guicciardinis *Geschichte Italiens*, über hundert Jahre später geschrieben wurde [25, 29]. Wenn die Zeitgenossen von der Wiederbelebung der *litterae* sprachen, so meinten sie damit allerdings nicht nur die Literatur im engeren, modernen Sinn, sondern ganz allgemein das, was wir heutzutage als den Aufstieg des Humanismus bezeichnen würden.

»Humanismus« ist indes ein recht dehnbarer Begriff, der für verschiedene Leute Unterschiedliches bedeutet. Der Ausdruck »Humanismus« setzte sich im frühen neunzehnten Jahrhundert in Deutschland durch und bezeichnete damals die traditionelle, klassische Bildung, die man bereits in Frage zu stellen begann, während der Ausdruck *humanism* im Englischen von Matthew Arnold eingeführt worden zu sein scheint. Das Wort »Humanist« geht jedoch bis ins fünfzehnte Jahrhundert zurück, wo es im Studentenjargon für die Universitätsdozenten der *studia humanitatis*, der humanistischen Wissenschaften, verwendet wurde. Unter diesem altrömischen Ausdruck wurden fünf akademische Disziplinen zusammengefaßt: Grammatik, Rhetorik, Poetik, Ethik und Geschichte [5].

Der Leser wird sich vielleicht fragen, was diese sogenannten »humanistischen« Wissenschaften eigentlich mit dem Menschen zu tun haben. Nach Leonardo Bruni, einem der Wortführer der Bewegung zu ihrer Wiederbelebung, wurden diese Studien humanistisch genannt, weil sie »den Menschen vervollkommnen«. Doch warum sollten gerade diese fünf Disziplinen bei der Vervollkommnung des Menschen eine herausragende Rolle spielen? Dieser Auffassung lag der Gedanke zugrunde, daß sich der Mensch vom Tier vornehmlich durch sein Sprachvermögen unterscheide und mithin durch die Fähigkeit, Richtiges von Falschem zu unterscheiden. Aus diesem Grund beschäftigten sich die humanistischen Wissenschaften mit der Sprache (Grammatik und Rhetorik) oder mit Moral (Ethik); und sowohl Geschichte wie Poetik wurden als eine Art angewandter Ethik betrachtet, durch die die Studenten dazu angehalten wurden, den guten Beispielen zu folgen und die schlechten zu meiden. Die Gelehrten jener Zeit scheuten sich nicht vor Verallgemeinerungen über die Stellung des Menschen in der Welt (die *conditio humana*, wie Poggio sich ausdrückte) und komponierten (wie Pico della Mirandola) Lobreden über die »Würde des Menschen«, die jedoch nicht als Unabhängigkeitserklärungen vom christlichen Gott gemeint waren [27]. Die Grundannahmen des Humanismus werden trefflich durch ein Diagramm des französischen Humanisten Charles de Bouelles aus dem frühen sechzehnten Jahrhundert veranschaulicht. Seiner Darstellung nach gibt es vier hierarchisch geordnete Daseinsweisen. Es sind, in aufsteigender Reihenfolge: zu existieren wie ein Stein, zu leben wie eine Pflanze, zu fühlen wie ein Pferd und zu verstehen wie ein Mensch. Dieser Stufenfolge entsprechen auf der anderen Seite vier verschiedene Menschentypen, der Faulpelz, der Vielfraß, der eitle Geck und der Gelehrte. Mit anderen Worten, der Zustand der Vollkommenheit steht den Menschen zwar grundsätzlich offen, aber nur der Humanist hat ihn erreicht.

Das Diagramm legt überdies nahe, daß das kontemplative Leben dem aktiven Leben überlegen sei. In diesem Punkt bestand jedoch keine Einigkeit. Leonardo Bruni, Kanzler der Republik Florenz, vertrat die Auffassung, daß der Mensch nur als tätiger Staatsbürger Vollkommenheit erlangen könne, während Marsilio Ficino, ein Philosoph unter dem Dach der Medicis, dem Studium und der Kontemplation den Vorrang einräumte. Auch Erasmus entschied sich für die Freiheit eines Gelehrten- und Schriftstellerdaseins und verweigerte jedes politische Engagement. Andere Humanisten wiederum fühlten sich zwischen aktivem Handeln und Kontemplation hin und her gerissen: Sir Thomas More konnte sich erst nach langem Zögern dazu entschließen, Berater (und später Lordkanzler) Heinrichs VIII. zu werden, und Montaigne unterbrach zeitweilig seine einsamen Studien, um während der Zeit des Bürgerkriegs als Bürgermeister von Bordeaux zu wirken [70, 71].

Zu den Disziplinen, die von den Humanisten besonders betont wurden, gehörte ganz offensichtlich nicht, was wir als »Naturwissenschaften« bezeichnen würden (und was damals unter dem Titel »Naturphilosophie« bekannt war). Nichtsdestoweniger hegten einige führende Humanisten (zum Beispiel Alberti) ein reges Interesse für diese Gebiete, namentlich für die Mathematik. Auf jeden Fall gehörte die Wiederentdeckung antiker griechischer und römischer Texte über Mathematik, Medizin, Astronomie, Astrologie und (nicht zuletzt) Magie zum humanistischen Programm dazu und erwiesen sich diese Texte für die weitere Entwicklung dieser Wissenschaften als schlechterdings unentbehrlich. Man könnte daher mit guten Gründen von einer »Renaissance« der Mathematik, Naturwissenschaften oder gar Magie in jener Zeit sprechen [31, 32, 33], und bei Männern wie Brunelleschi und Leonardo da Vinci trat die Verbindung zwischen den Künsten und einer Renaissance der Mathematik besonders offen zu Tage [18, 67].

Inwiefern läßt sich nun von einem »Aufstieg« des Humanismus in Italien zwischen 1300 und 1600 sprechen? Ebenso wie man sich bemühte, die klassische Kunst und Literatur wiederzubeleben, wurden auch Anstrengungen unternommen, das römische Erziehungssystem zu imitieren. Zu den Pionieren dieser neuen Art von Erziehung zählten Vittorino da Feltre, der von 1423 bis 1446 ein Internat in Mantua leitete, und Guarino da Verona [24, 28]. Das neue System sah vor, die Schüler im Sprechen, Schreiben und Lesen klassischen Lateins zu unterrichten, und legte daneben das Hauptgewicht auf die humanistischen Fächer, eine Veränderung, die zwangsläufig auf Kosten anderer Bereiche, insbesondere der Logik ging. Die Logik hatte an den mittelalterlichen Universitäten zum Kern des Grundstudiums in den Künsten gehört, wurde jedoch von Petrarca, Valla und anderen Humanisten scharf attackiert, weil sie nichts lehre als Haarspalterei und Wortklauberei und außerdem von »barbarischen« (das heißt: nicht-klassischen) Fachbegriffen wie »Substanz«, »Akzidenz«, »Quiddität« und so weiter Gebrauch mache.

An einigen Schulen und italienischen Universitäten, namentlich ab 1396 in Florenz und ab 1463 in Padua, wurde darüber hinaus Griechisch unterrichtet. Das klassische Athen hatte zwar noch nicht dieselben Weihen erlangt wie das alte Rom, dennoch fand das Altgriechische eine ganze Reihe interessierter Studenten. Die ersten Dozenten waren Flüchtlinge aus dem Byzantinischen Reich, das lange vor der Eroberung Konstantinopels im Jahre 1453 Stück für Stück an die Türken gefallen war. Dank dieser Flüchtlinge erhielten die italienischen Gelehrten zum ersten Mal Gelegenheit, viele bedeutende griechische Texte in der Originalsprache zu lesen. Manche dieser Texte wurden den abendländischen Gelehrten zum ersten Mal zugänglich, wie etwa die platonischen Dialoge oder die Werke des rätselhaften »Hermes Trismegistus« (den man für einen altägyptischen Weisen hielt), und der florentinische Philosoph Marsilio Ficino, der sie ins Italienische übersetzte, war dermaßen von ihnen angetan, daß man ihn und seine Schüler oft als »Neuplatoniker« bezeichnet [5, 39].

Andere Texte, wie das Neue Testament oder die Werke des Aristoteles, waren bislang nur in lateinischen Übersetzungen bekannt gewesen und konnten nun in der Originalsprache studiert werden. Die Humanisten entdeckten gravierende Unterschiede zwischen den lateinischen Übersetzungen (die zum Teil auf arabischen Übersetzungen aus dem Griechischen beruhten) und dem griechischen Original. Der italienische Philosoph Pietro Pomponazzi stellte im sechzehnten Jahrhundert die gesamte thomistische Synthese in Frage, als er aufgrund seiner Lektüre der griechischen Originaltexte zu dem Schluß kam, daß Thomas von Aquin mit seiner Behauptung, Aristoteles habe die Unsterblichkeit der Seele gelehrt, einem Irrtum aufgesessen war. Das Bemühen um möglichst genaue Übersetzungen führte allmählich zu der Entdeckung, daß die Ideen der bewunderten Alten entfernter und fremder waren als bisher vermutet.

In den Augen der Humanisten waren selbst die bekannten klassischen lateinischen Texte lange Zeit falsch verstanden worden, doch wurden auch hier neue Quellen zu Tage gefördert. Die Wiederentdeckung klassischer Manuskripte gehörte zu den aufregendsten Erlebnissen manchen Gelehrtenlebens, etwa als Petrarca und Coluccio Salutati die Briefe Ciceros entdeckten oder als Poggio Bracciolini dessen Reden auffand. Allerdings zeigte sich häufig, daß verschiedene Manuskripte desselben Texts selbst an entscheidenden Stellen voneinander abwichen. Es mußten neue Techniken zur »Textkritik« entwickelt werden, um herauszufinden, was der Autor ursprünglich geschrieben hatte, bevor er durch die generationenlange Kette von Kopisten entstellt worden war [83, Kap. 12; 86].

Klassische Texte, die im Mittelalter bekannt gewesen waren, wurden neu gedeutet. Seit dem elften Jahrhundert hatte man an den italienischen Universitäten, allen voran Bologna, römisches Recht studiert, aber erst die Humanisten begannen damit, das römische Recht im Kontext der Kultur und Gesellschaft des alten Rom zu interpretieren, der ihnen aus der Lektüre klassischer Literatur und Inschriften vertraut war. Die intime Kenntnis der römischen Geschichte und insbesondere der lateinischen Sprache ermöglichte dem Humanisten Lorenzo Valla Mitte des fünfzehnten Jahrhunderts den Beweis, daß die sogenannte »Konstantinische Schenkung« – eine Urkunde, mit der Kaiser Konstantin die Länder Mittelitaliens ein für alle Mal an den Papst abgetreten haben soll – nicht das Geringste mit Konstantin zu tun hatte, sondern einige Jahrhunderte nach seiner Zeit aufgesetzt worden war [41].

Die Einstellung der Humanisten und der ihnen verbundenen Künstler gegenüber der klassischen Antike vereinigte zwei scheinbar widersprüchliche Elemente. Einerseits waren sie sich ihrer Distanz zur klassischen Antike, der vermeintlichen Korrumpierung der Sprache und des angeblichen Verfalls der Künste nach der Einwanderung der Barbaren in Italien viel stärker bewußt, als die Gelehrten des Mittelalters es gewesen waren. Andererseits fühlten sie sich den großen Römern persönlich sehr nahe und verbunden. Petrarca schrieb Briefe an Cicero und andere Klassiker, und Machiavelli beschrieb sich selbst im Gespräch mit den Alten. Beide waren fest davon überzeugt, daß sich die Antike wiederbeleben ließ. Petrarca zeigte ein wohlwollendes Interesse an den Versuchen zur Restauration der Römischen Republik, die – innerhalb der Stadtmauern Roms – von 1347 bis 1354 dauerte, während sich Machiavelli in seinen *Discorsi sopra Livio* leidenschaftlich dafür einsetzte, politische und militärische Einrichtungen des alten Rom, wie etwa die Bürgermiliz, in die modernen Staaten zu übernehmen [62, 68, 72].

Die Wiederbelebung klassischer Formen, zum Beispiel in der Architektur oder im Schauspiel, und die Begeisterung über die Entdeckung und Herausgabe klassischer Manuskripte läßt sich indes nur dann recht verstehen, wenn man sie als Bestandteile eines weit ehrgeizigeren Unternehmens begreift, dem es um nicht weniger als um die Restauration des antiken Rom zu tun war. Aber was soll man sich darunter vorstellen? Nicht immer fällt es leicht zu entscheiden, ob die Humanisten in wörtlichem oder übertragenem Sinn von Wiederbelebung sprachen, beziehungsweise in welchem Umfang sie die Vergangenheit wiederzubeleben hofften. Der Grundgedanke der Wiederbelebung war jedoch nicht nur eine Redensart. Wie die Alten glaubten auch die Humanisten an eine zyklische Geschichtsdeutung, der zufolge ein Zeitalter als die Wiederkehr oder Wiederholung einer älteren Epoche gelten konnte. Manche waren davon überzeugt, sie und ihre Mitbürger könnten »neue Römer« werden, indem sie sprachen, schrieben und dächten wie die Römer und allen römischen Errungenschaften nacheiferten, vom Colosseum über die *Aeneis* bis hin zum Römischen Reich. Die Vorstellung von einer Rückkehr zur Vergangenheit mag, wie eingangs angedeutet, in der Tat ein Mythos gewesen sein, ein Mythos jedoch, an den nicht nur geglaubt, sondern der gelebt wurde.

Zu den Schlusselbegriffen der Humanisten gehörte der Begriff der »Nachahmung« oder »Imitation«, und zwar weniger als Nachahmung der Natur als vielmehr der Nachahmung großer Schriftsteller und Künstler. Diese Vorstellung wirkt auf uns heutige eher befremdlich. Wir haben uns daran gewöhnt, Gedichte und Gemälde als Ausdruck der Gedanken und Gefühle schöpferischer Individuen zu betrachten. Wir wissen zwar, daß manche Künstler ihresgleichen imitieren, doch sind wir stets geneigt, darin ein Anzeichen für einen Mangel an Begabung oder eine Nachlässigkeit auf seiten der Künstler zu sehen, die erst noch »zu sich finden« und ihren persönlichen Stil entwickeln müssen. »Nachahmung« ist zu einem pejorativen Begriff geworden. Unsere Schriftsteller und Künstler sind eifrig darauf bedacht, ihre Originalität, Spontaneität und Unabhängigkeit zu betonen und den Einfluß etwaiger Vorläufer abzustreiten (vom Plagiat, das heute als Diebstahl an fremdem geistigen Eigentum verstanden wird, ganz zu schweigen). In der Renaissance hingegen litten die Schriftsteller und Künstler eher unter entgegengesetzten Befürchtungen. Während wir uns jene Epoche gerne als eine Zeit großer Erneuerung und Individualität ausmalen, betonten die Zeitgenossen stets, wie eng sie sich an die antiken Vorlagen hielten, sei es nun Pantheon, Laokoon, Cicero, Vergil oder Livius [49].

Die Imitation der Alten war indes nicht sklavisch. Es ging nicht darum, die Alten »nachzuäffen«, um eine der damals beliebten Metaphern zu benutzen. Man war vielmehr bestrebt, die Vorlagen anzugleichen, sie zu etwas Eigenem zu machen, ja sie womöglich zu übertreffen. Zwar ging man gemeinhin davon aus, daß die »Modernen« die Leistungen der Alten nicht würden erreichen können, doch stellte dieser Gemeinplatz zugleich eine ungeheure Herausforderung dar. Wie wir gesehen haben, war es Michelangelo gelungen, eine seiner Statuen für antik auszugeben. Alberti verfaßte eine lateinische Komödie, die ebenfalls für ein klassisches Werk gehalten wurde. Und der Humanist Carlo Sigonio »entdeckte« eine verschollene Schrift Ciceros, die sich im nachhinein als seine eigene Schöpfung herausstellte.

Wie eng sich die Imitationen an ihre Vorlagen anlehnen sollten, blieb indes umstritten. Der Gelehrte und Dichter Angelo Poliziano gehörte zu denen, die, bei aller Bewunderung, auf der Notwendigkeit einer gewissen Distanz zu den klassischen Vorbildern beharrten: »Wessen Kompositionen nur auf Nachahmung beruhen, der kommt mir vor wie eine Elster oder ein Papagei; er bringt Dinge hervor, die er nicht versteht. Solchen Autoren fehlt es an Kraft und Lebendigkeit« [49, Kap. 8]. Der venezianische Kritiker Pietro Bembo glaubte zwar, man solle im Lateinischen dem Cicero nacheifern, setzte sich jedoch gleichzeitig für die Anerkennung des Italienischen als einer respektablen literarischen Sprache ein, die in den modernen toskanischen »Klassikern« des vierzehnten Jahrhunderts, Petrarca und Boccaccio, ihr mustergültiges Vorbild gefunden habe. Je mehr man sich der historischen Distanz zur Antike bewußt wurde, desto problematischer wurde deren Imitation. »Wen haben eigentlich die Alten imitiert?«, begannen sich einige Leute zu fragen. Hat sich also die Imitation im Laufe der Renaissance allmählich überlebt? Ob es ihnen gefiel oder nicht, den Künstlern und Schriftstellern der Renaissance konnte die Nachahmung der Antike bestenfalls teilweise gelingen. Die Artefakte des klassischen Altertums hatten nur fragmentarisch überlebt. Wie wir bereits gesehen haben, waren sowohl in der Malerei wie in der Musik keine Werke erhalten geblieben, die man hätte nachahmen können. Maler und Musiker sahen sich daher zu künstlerischer Freiheit geradezu gezwungen. Das Fehlen spezifischer Vorbilder in bestimmten Kunstgattungen war jedoch ein unbedeutendes Problem im Vergleich zu der fundamentalen Tatsache, daß die Italiener der Renaissance in einer ganz anderen Welt lebten als die Bürger der Römischen Republik. Wirtschaft, Gesellschaft und Politik der italienischen Stadtstaaten unterschieden sich ganz erheblich vom alten Rom mit seinen Senatoren und Sklaven, Legionären und Latifundien. Unter diesen Voraussetzungen konnte das Ideal einer Restauration des alten Rom nicht mehr sein als ein Traum.

Kehren wir zum Mythos der Renaissance zurück, den sie selbst hervorgebracht hat. Obschon sie sich dem alten Rom so nahe fühlten, standen Petrarca, Brunelleschi, Alberti, Valla, Mantegna, Ficino und andere Gelehrte, Schriftsteller und Künstler des vierzehnten und fünfzehnten Jahrhunderts der Antike in Wirklichkeit relativ fern, dem weit entfernt vermeinten »Mittel-Alter« dagegen ziemlich nahe. Mochten sie die jüngste Vergangenheit »gotischer« Kunst »scholastischer« Philosophie und »barbarischen« Lateins auch kategorisch ablehnen, so waren sie doch selbst dieser spätmittelalterlichen Kultur entwachsen und gehörten nach wie vor in vieler Hinsicht dazu. Von ihrer Ausbildung her an die gotische Schrift gewöhnt, bereitete es ihnen zum Beispiel Mühe, die alten römischen Inschriften zu lesen.

In ihrer leidenschaftlichen Ablehnung des vertrauten späten Mittelalters verwechselten die Humanisten mitunter das frühe Mittelalter mit der vielbewunderten Antike. Als etwa der Humanist Poggio die Kurrentschrift entwickelte (die im Englischen als *Renaissance* oder *Italics* bezeichnet wird), glaubte er sich in den Fußstapfen klassischer Vorlagen, während er sich in Wirklichkeit an vorgotischen, frühmittelalterlichen Mustern orientierte. Ebenso wählte Brunelleschi das Baptisterium in Florenz zum Vorbild für seine architektonischen Reformen, weil er einen klassischen Tempel vor sich wähnte, wo es sich doch in Wirklichkeit um ein Beispiel toskanischer Romantik handelt, das vermutlich aus dem achten Jahrhundert stammt [22, 83, Kap. 27].

Der Einfluß des Mittelalters bleibt selbst im Werk so beispielhafter »Renaissancemenschen« wie Lodovico Ariosto und Baldassare Castiglione bis ins sechzehnte Jahrhundert hinein spürbar. Die Vers-

Florenz, Baptisterium
Ansicht von
Südost

erzählung *Orlando Furioso* (1516), Ariosts berühmtestes Werk, trägt einerseits Züge eines klassischen Epos, ist jedoch andererseits unverkennbar von der mittelalterlichen Ritterdichtung geprägt (insbesondere natürlich vom Zyklus der Karlssagen, denn Orlando ist kein anderer als der heldenhafte Markgraf Roland). Der *Rasende Roland* ist kein gewöhnlicher Ritterroman, dazu behandelt er seinen mittelalterlichen Stoff viel zu ironisch. Aber er ist auch keineswegs nur eine Imitation des klassischen Epos. Der Versroman konnte in dieser Form nur von jemandem geschrieben werden, der in gewissem Sinn beiden Traditionen angehörte und also keiner. Ironische Distanz ist nur demjenigen möglich, der mit seinen beiden Beinen in verschiedenen Lagern steht [46, Teil 2]. Ganz ähnlich verhält es sich mit Castigliones bekanntem *Hofmann* (1528). Trotz vieler Bezüge auf antike Vorläufer, namentlich Ciceros Abhandlung über den vollkommenen Redner, werden darin gesellschaftliche Verhaltensregeln propagiert, die weder im klassischen Athen noch im republikanischen Rom bekannt gewesen waren, sondern aus dem Mittelalter stammten. Man könnte den *Hofmann* als ein unter dem Einfluß klassischer Verhaltensideale umgeschriebenes mittelalterliches Manierenbuch oder als die Adaption dieser Ideale an nichtklassische Verhältnisse beschreiben. Wie Ariosts Versdichtung konnte auch das Buch vom Hofmann nur von jemandem geschrieben werden, der mit beiden Traditionen, der antiken sowohl wie der mittelalterlichen, hinreichend vertraut war.

Die Zerrissenheit und Schwierigkeit der humanistischen Position wurde im Bereich der Geschichtsschreibung besonders deutlich. Leonardo Bruni und Lorenzo Valla zählten zu jenen Historikern, die sich bis hin zur Sprachimitation in ihren Darstellungen der jüngeren italienischen Geschichte möglichst eng an das Vorbild von Livius' Geschichte Roms halten wollten. Doch schon allein der Gegenstand ihrer Geschichtsschreibung stellte sie vor unüberwindliche Probleme: Es gab keine klassischen Wörter für die Lombardei, für die politischen Fraktionen der Guelfen und Ghibellinen, für die Moslems oder für bestimmte Gegenstände wie Kanonen, weil diese Dinge und Institutionen zur Zeit des alten Rom nicht existiert hatten. Es erwies sich daher als unmöglich, den gesamten neuen Stoff in klassische Formen zu gießen. Giorgio Vasari verfaßte sein *Leben der ausgezeichneten Maler, Bildhauer und Baumeister* auf italienisch und vermied damit solche sprachlichen Probleme; aber auch sein Werk steht in einem Spannungsverhältnis zwischen der Bewunderung zeitgenössischer Kunst und der Verehrung der Antike. Alle Anlehnungen an Ciceros Darstellung des Aufstiegs und Falls der Rhetorik können nicht über die simple Tatsache hinwegtäuschen, daß es für Vasaris Unternehmen keine klassische Parallele gab, und es gab diese Parallele einfach deshalb nicht, weil die herrschende Klasse Griechenlands oder Roms ihre Künstler nicht ernst genommen hatte.

Die Widersprüche in der humanistischen Position treten am deutlichsten zutage, wo es um die Religion geht, denn schließlich waren die Humanisten Christen und hingen nicht heidnischen Göttern an. Petrarca, Alberti, Valla und Ficino gehörten alle dem Klerus an; Alberti und Valla standen zudem in Diensten des Papstes, während der Humanist Aeneas Silvius Piccolomini selbst zum Papst Pius II. gewählt wurde. Petrarca, Valla und Ficino äußerten sich wiederholt zu theologischen Problemen, während Alberti seinerseits Pläne für Kirchen entwarf und die Biographie eines Heiligen schrieb.

Wie eng sich die einzelnen Schöpfungen jener Zeit an die antiken Vorlagen halten mochten, der gesellschaftliche und kulturelle Kontext, in dem sie entstanden, war von der Antike so verschieden, daß man viele Renaissancewerke als kulturelle »Zwitter« bezeichnet hat – in mancher Hinsicht sind sie klassisch, in mancher christlich [13]. Ein Versepos konnte nach dem Vorbild von Vergils *Aeneis* in klassischem Latein geschrieben sein und sich gleichzeitig mit dem Leben Christi beschäftigen. Ein humanistischer Theologe konnte von Kirchen als »Tempeln«, von der Bibel als einem »Orakel« und von der Hölle als einer »Unterwelt« reden oder seine Abhandlung als *Platonische Theologie* bezeichnen (wie Ficino es tat). Ein Renaissancegrabmal konnte die Form eines klassischen Sarkophags (mitsamt Darstellungen der geflügelten Nike) annehmen und gleichzeitig ein Bild Christi oder der Muttergottes präsentieren [19, 20]. Diese Kombination klassischer und christlicher Elemente ist, wie so oft in Fällen des Synkretismus, schwer zu deuten, weil sie sehr verschieden motiviert gewesen sein kann. Nach vierhundert Jahren läßt sich nicht mehr ohne weiteres entscheiden, ob Ficino seinen Platonismus als Theologie verkleidete oder umgekehrt seine Theologie als Platonismus. Die Historiker des neunzehnten Jahrhunderts, Burckhardt eingeschlossen, bezeichneten die Humanisten gerne als »Heiden« und deuteten ihre Beschäftigung mit dem Christentum als bloßes Lippenbekenntnis. Heute dagegen neigen die Historiker eher dazu, das Lippenbekenntnis auf seiten des Heidentums zu sehen. Der Gebrauch klassischer Ausdrücke in christlichen Zusammenhängen verdankt sich vielleicht lediglich dem Bemühen um ein möglichst »reines« Latein. Oder es handelt sich am Ende um einen Auswuchs gelehrter Verspieltheit, so wie Mantegna 1464 mit seinen Freunden zur Besichtigung klassischer Altertümer an den Gardasee fuhr und sie sich untereinander mit römischen Titeln wie »Konsul« anredeten.

Wie dem auch sei, es soll nicht bestritten werden, daß zwischen den klassischen und den christlichen Werten eine beunruhigende Spannung bestand, der sich die Zeitgenossen durchaus bewußt waren. Ein ähnliches Problem war bereits zur Zeit des frühen Christentums aufgetreten. Auch die Kirchenväter gehörten zugleich der traditionellen klassischen und der neuen christlichen Kultur an und waren mehr oder weniger erfolgreich darum bemüht, die beiden Kulturen – Athen und Jerusalem – in Übereinstimmung zu bringen. Im Fall des heiligen Hieronymus spitzte sich der innere Konflikt so zu, daß er in einem Traum dramatische Gestalt annahm: Dem Heiligen träumte, er werde vor das Gericht Christi geschleppt und dafür verurteilt, daß er »Ciceronianer, aber kein Christ« sei.

Die Kirchenväter lösten den Konflikt durch einen Kompromiß, den Augustinus durch das Sinnbild von der »Plünderung Ägyptens« zu veranschaulichen suchte. Dem Alten Testament zufolge hatten die Israeliten beim Auszug aus Ägypten viele ägyptische Schätze mitgenommen, und entsprechend sollten sich auch die Christen aneignen und zu Nutzen machen, was immer ihnen an den heidnischen Klassikern wertvoll erscheine. Manche frühen Christen waren ohnehin überzeugt, daß die alten Griechen die wahre Lehre (die sogenannte »antike Theologie«) von den Juden übernommen hatten. »Wer anders ist Platon«, schrieb Eusebius im vierten Jahrhundert, »als Moses, der Attisch spricht?« [39].

Dieser Kompromiß gefiel den Humanisten, die allerdings vor dem umgekehrten Problem standen, die traditionelle christliche Kultur mit der wiederentdeckten Klassik zu versöhnen. Einige Gelehrte mögen vielleicht, wie der griechische Flüchtling Gemistos Pletho im fünfzehnten Jahrhundert, das Christentum zugunsten antiker Götterverehrung aufgegeben haben; die überwiegende Mehrzahl wollte jedoch zu alten Römern werden, ohne das moderne Christentum aufs Spiel zu setzen. Ihr Harmoniebedürfnis führte dabei mitunter zu Interpretationen der Antike, die uns heutzutage ziemlich weit hergeholt erscheinen, etwa wenn die *Aeneis* als Allegorie für den Lebensweg der menschlichen Seele gedeutet wird. Freilich sieht jedes Zeitalter die Vergangenheit in seinem eigenen Licht, und es wäre falsch, wenn wir uns selbst davon ausnehmen wollten.

Im Fall der bildenden Künste ist die Bedeutung der Wiederbelebung klassischer Formen schwer zu beurteilen, weil wir über die Absichten der Künstler in der Regel nichts wissen. Dennoch finden sich auch in diesem Bereich Anzeichen für den Versuch einer Versöhnung zwischen Antike und Christentum und für die Übernahme frühchristlicher Vorbilder. Der kreisförmige Grundriß von Bramantes Tempietto zum Beispiel erinnert nicht nur an heidnische Tempel, sondern auch an einen bestimmten Typus frühchristlicher Kirchen, die zum Gedächtnis an Märtyrer gebaut wurden, und San Pietro in Montorio wurde an der Stelle errichtet, an der angeblich der hl. Petrus gekreuzigt worden war [22, Kap. 6]. Auch was Michelangelo anbetrifft, lassen seine Gedichte keinen Zweifel an dem Bestreben, klassische Formen mit christlichem Sinn zu verbinden [69].

So gründlich man die Wiederbelebung der Antike zu betreiben glaubte, man sah darin keinen Ersatz für das Christentum. Mit dieser Feststellung verwischt sich der Unterschied zwischen Renaissance und Mittelalter weiter, denn klassische Formen wurden (wie die moderne kunstgeschichtliche Stilbezeichnung »Romanik« andeutet) schon in der »romanischen« Kunst des zehnten und elften Jahrhunderts imitiert, und klassische Dichter wie Vergil und Horaz hatte man schon in den mittelalterlichen Klöstern und Universitäten studiert. Wir sollten die Bewegung der Renaissance daher nicht

BRAMANTE
Tempietto, um 1501
Rom, S. Pietro in Montorio

als eine kulturelle »Revolution« im Sinn eines plötzlichen Bruchs mit der Vergangenheit betrachten, sondern als eine graduelle Entwicklung, in deren Verlauf sich mehr und mehr Individuen von einzelnen Elementen der spätmittelalterlichen Kultur abgrenzten und der klassischen Vergangenheit zuwandten.

Doch wie kam es zu dieser Gewichtsverlagerung? Von allen Fragen läßt diese sich am schwersten beantworten, nicht so sehr, weil keine Antworten denkbar wären, als vielmehr, weil sich solche Antworten kaum präzise beweisen lassen. Diente der Kult um die Antike nur als Mittel zum Zweck, als eine Möglichkeit, den Bruch mit der jüngsten Vergangenheit zu rechtfertigen? Oder hatten die Menschen jener Zeit ein genuines Interesse an der antiken Welt als solcher? Jede überzeugende historische Darstellung dieses kollektiven Versuchs einer Wiederbelebung der griechischen und römischen Antike muß drei Faktoren erklären können: die Geographie dieser Bewegung, ihre Chronologie und ihre Soziologie. Warum ging die Bewegung von Nord- und Mittelitalien aus? Warum gewann sie im Verlauf des vierzehnten, fünfzehnten und sechzehnten Jahrhunderts fortwährend an Stärke? Und warum fühlte sich ausgerechnet das Stadtpatriziat davon angesprochen? Betrachten wir diese drei Fragen der Reihe nach.

Es dürfte kein Zufall sein, daß die Wiederbelebung der Antike von Italien ausging, dem Ort also, an dem die großen klassischen Leistungen geschaffen worden waren – denn es war Rom und nicht Griechenland, dem die Begeisterung der Renaissance zuvorderst galt, Vergil und nicht Homer, dem Pantheon und nicht dem Parthenon. Während die Humanisten in mehr übertragenem Sinn nach klassischen Vorfahren suchten, führte manche adlige Familie ihren Stammbaum ganz buchstäblich bis auf die alten Römer zurück. Die Überreste der Antike – Münzen, Gräber, Tempel, Amphitheater und so weiter – waren den Italienern und insbesondere den italienischen Künstlern recht unmittelbar vertraut. Ja, es läßt sich manchmal nur schwer entscheiden, ob man den klassischen Einfluß in der italienischen Kunst des achten, zwölften oder vierzehnten Jahrhunderts eher als ein Überleben oder als eine Wiederbelebung der Antike deuten soll. Jene Zeit, in der die Nachahmung der Klassik häufiger, gründlicher und bewußter betrieben wurde als zuvor, bezeichnen wir als »Renaissance«, aber im Gegensatz zu anderen Teilen Europas lag die klassische Tradition in Italien nie sehr fern.

Die Chronologie stellt ein größeres Problem dar. Wenn die Überreste der Antike so lange zum Bestand der italienischen Landschaft gehört hatten (oder, wie mancher klassische Text, in den Bibliotheken von Verona und anderswo einzusehen gewesen waren), warum begann man erst seit Petrarca, sie für wichtig zu halten? In gewissem Sinn liegt die Antwort auf der Hand: weil das Beispiel der Antike den damaligen Bedürfnissen relevant erschienen sein muß. Was hatte sich also geändert? Die offenkundigste Veränderung war zweifellos der Aufstieg autonomer Stadtstaaten im nördlichen Italien des zwölften und dreizehnten Jahrhunderts [7]. Der Aufstieg dieser Städte läßt sich wirtschaftlich durch den wachsenden Handel zwischen Europa und der Levante erklären. Es ist nicht schwer einzusehen, warum die Handelsoligarchien dieser Städte an ihrer politischen Unabhängigkeit interessiert waren, und aufgrund ihrer Lage zwischen päpstlichem und kaiserlichem Herrschaftsgebiet verlief der Verselbständigungsprozeß glatter, als es andernorts möglich gewesen wäre. Die herrschenden Eliten dieser Städte betrachteten sich selbst als moderne »Konsuln« oder »Patrizier«, ihre Stadträte als das Gegenstück zum »Senat«, die Städte selbst als »neues Rom«. Im Florenz des beginnenden fünfzehnten Jahrhunderts wird diese Entwicklung besonders deutlich: Durch die militärische Bedrohung von seiten Mailands wurde den Florentinern und ihrem Sprecher, dem humanistischen Kanzler Leonardo Bruni, in besonderem Maße bewußt, wer sie waren und welchen Wert sie mit ihrer »Freiheit« verteidigten [25]. Aber diese dramatische Episode ist nur ein kurzer Ausschnitt aus einem viel längeren Prozeß, der in den norditalienischen Städten bereits im zwölften Jahrhundert einsetzte (wenn nicht schon früher) und in dessen Verlauf man eine wachsende Affinität zum alten Rom verspürte.

Unser Versuch, den zeitlichen Verlauf der Renaissance zu erklären, hat bereits die Frage nach ihrer sozialen Basis aufgeworfen. Fest steht, daß die Renaissance die Bewegung einer Minderheit gewesen ist. Es war eine städtische und keine ländliche Bewegung, und die Lobreden auf das Landleben entflossen den Federn von Leuten, die

LEONARDO
Isabella d'Este, 1499 / 1500
Paris, Louvre

TIZIAN
Isabella d'Este, 1534
Kunsthistorisches Museum, Wien

ihr Hauptdomizil in der Stadt und nicht auf dem Land aufgeschlagen hatten. Die Bewegung fand eher bei Männern als bei Frauen Anklang, obschon einzelne Adlige sich als Mäzeninnen betätigten. Die Marquise von Mantua, Isabella d'Este, war beispielsweise eine begeisterte Kunstsammlerin und erwarb im Laufe des frühen sechzehnten Jahrhunderts zahlreiche Werke von Bellini, Perugino, Leonardo und Tizian. Einige Frauen studierten die Klassiker und schrieben lateinische Briefe und Traktate; häufig mußten sie jedoch, wie Isotta Nogarola von Verona, feststellen, daß männliche Kollegen wie Guarino sich weigerten, sie als ebenbürtige Autorinnen anzuerkennen. Unter den in der Stadt ansässigen Männern scheint die Wiederbelebung der Antike wiederum nur eine Minderheit angesprochen zu haben, oder genauer: drei verschiedene Minderheiten. Zuvörderst waren es die Humanisten, die oftmals den freien Berufsständen angehörten, namentlich Lehrer und Notare.

BOTTICELLI
Die Verleumdung des Apelles, um 1495
Florenz, Uffizien

Zweitens gab es bestimmte Mitglieder der herrschenden Klasse, Patrizier, Prälaten oder Fürsten, die ihre Patronage auf die neuen Formen der Kunst und Gelehrsamkeit ausdehnten. Und drittens schließlich gab es die Künstler, die überwiegend aus städtischen Handwerker- oder Ladenbesitzerfamilien stammten [6, Kap. 3].

Es bleibt indes unklar, inwieweit sich die Interessen der Humanisten mit denen der Künstler deckten. Manche Gemälde, wie etwa Botticellis *Verleumdung* oder sein *Frühling*, setzten eine Kenntnis antiker Literatur voraus, die der Künstler, der mit dreizehn die Schule verließ, aller Wahrscheinlichkeit nach nicht besessen haben kann. Man hat daher vermutet, daß der Entwurf für das letztere Gemälde von einem humanistischen Berater wie Ficino oder Poliziano stammen muß, mit denen Botticelli höchstwahrscheinlich bekannt, wenn nicht befreundet war. Ob umgekehrt die Humanisten das leidenschaftliche Interesse verstanden, das Brunelleschi, Donatello und andere Künstler an den formalen Aspekten der antiken Architektur und Skulptur zeigten, bleibt ebenfalls fragwürdig. Alberti, der mit Brunelleschi, Donatello und dem Maler Masaccio befreundet war und der sowohl Theaterstücke und Dialoge verfaßte als auch Gebäude entwarf, gehörte zu den wenigen, die die Kluft zwischen der Kultur der Humanisten und derjenigen der Künstler überbrückten. Selbst Leonardo blieb, trotz seiner breitgefächerten Interessen, einer der beiden Seiten verhaftet [67]. Das »Universalgenie«, das alles konnte, bestand als Ideal, doch findet man – selbst in jenem Zeitalter, als der Zwang zur Spezialisierung noch weit geringer war als heute – nur wenige Leute, die diesem Ideal entsprachen.

Kurzum, die Wiederbelebung der Antike besaß nicht für alle daran beteiligten sozialen Gruppen dieselbe Bedeutung, und zumindest zu Beginn hing die Wahrnehmung dieser Renaissance auch davon ab, ob man in Florenz, Rom oder Venedig lebte. Dies wird besonders deutlich, wenn man die Entwicklung der Bewegung über einen längeren Zeitraum verfolgt. Im vierzehnten Jahrhundert handelte es sich noch um eine Handvoll Enthusiasten, die sich in wachsendem Maß für die klassische Vergangenheit interessierte. Der bekannteste unter ihnen, Petrarca, weit davon entfernt, »einer der ersten wahrhaft modernen Menschen« zu sein, gehörte nach wie vor zur Kultur des Spätmittelalters, auch wenn er einige Aspekte dieser Tradition ablehnte. Bis zum sechzehnten Jahrhundert jedoch hatte die Erfindung des Buchdrucks die raschere Ausbreitung von Ideen und andere intellektuelle Veränderungen soweit erleichtert, daß die antike Kultur in größerem Umfang angeeignet worden und die kleine Gruppe von Enthusiasten erheblich angewachsen war. Zu den Anhängern der neuen Bewegung gehörte nun eine ganze Anzahl von Lehrern, und so war es möglich geworden, daß man schon auf der Schule mit den neuen Ideen und Idealen bekannt gemacht wurde. Unter Adligen kam es in Mode, wie in Castigliones *Hofmann* über die Ideen Platons zu diskutieren, klassische Statuen zu sammeln, sich porträtieren zu lassen oder seine Stadthäuser und Landvillen im »alten« Stil zu bauen.

Aber die Ausweitung einer an der Renaissance interessierten Öffentlichkeit war nicht die einzig bemerkenswerte Entwicklung im fünfzehnten und sechzehnten Jahrhundert. Natürlich gab es noch andere wichtige Veränderungen. Die bekannteste Darstellung der verschiedenen Zeitabschnitte verfaßte der Künstler und Historiker Giorgio Vasari, der in den Künsten drei Perioden voneinander unterschied: eine frühe, eine mittlere und eine, wie man heute sagt, »Hochrenaissance«. In Vasaris Darstellung übertreffen die künstlerischen Leistungen der späteren Phasen jeweils die Werke der früheren, während sich an den Zielsetzungen im Laufe der Zeit nichts geändert haben soll. Man muß jedoch davon ausgehen, daß sich auch die Ziele der Schriftsteller und Künstler im Verlauf dieser Entwicklung verlagerten. Sowohl in der Architektur wie in der Literatur läßt sich in vielen Fällen eine Abkehr von der unmittelbaren Imitation antiker Formvorgaben zugunsten eines Ideals feststellen, dem es vor allem um die Einhaltung der in den klassischen Vorlagen verwirklichten »Regeln« ging. Zur Verdeutlichung könnte man leicht überspitzt behaupten, daß eine (zumindest in den Augen manches scholastischen Philosophen) ursprünglich subversive Bewegung um 1500 zum Bestandteil der herrschenden Kultur geworden war. Sie war so sehr institutionalisiert, routinisiert und in die Tradition integriert worden, daß die Historiker diese Epoche der italienischen Geschichte zu Recht als das Zeitalter der Renaissance bezeichnen.

Außerhalb Italiens freilich blieb die Wiederbelebung der Antike weiterhin eine große Novität und hatte noch nichts von ihrer schockierenden Kraft verloren. Wenden wir uns also den Ereignissen außerhalb Italiens zu.

LEONARDO
Madonna in der Felsengrotte, 1483/86
Paris, Louvre

Die Renaissance im Ausland
oder: Vom Nutzen und Nachteil Italiens

Es ist inzwischen klar, daß das besondere Charakteristikum der Renaissance, die Imitation des klassischen Altertums, kein einfacher Prozeß, sondern vielmehr ein recht problematisches Unterfangen war. Dieser Problematik war man sich seinerzeit durchaus bewußt. Dasselbe gilt, wie im folgenden gezeigt werden soll, für die Imitation italienischer Kultur in anderen Ländern.

Es ist üblich, dieses Thema mit einer Beschreibung der ausländischen Aktivitäten italienischer Künstler und Humanisten und ausländischer Besucher in Italien zu beginnen. Dagegen ist grundsätzlich nichts einzuwenden, doch besteht die Gefahr, daß man der herkömmlichen Darstellung einer »Diffusion« oder »Rezeption« der Renaissance im Ausland das Wort redet, eine Darstellungsweise, über die die Renaissanceforschung schon seit längerem nicht sehr glücklich ist, weil dadurch suggeriert wird, nur die Italiener seien aktiv, kreativ und innovativ gewesen, während das restliche Europa sich mit der passiven Rezeption äußerer »Einflüsse« oder, um eine andere bei Historikern beliebte Metapher zu wählen, mit »Anleihen« begnügt habe und daher auf ewige Zeiten bei den Italienern in der Schuld stehe.

Erstens muß klargestellt werden, daß sich das Verhältnis des restlichen Italien zur Toskana und insbesondere zu Florenz nicht grundsätzlich von demjenigen anderer europäischer Länder unterschied. Der neue Baustil zum Beispiel trat in Venedig erst mit zeitlicher Verzögerung auf und wurde nur in modifizierter Form übernommen. Es entspricht ferner nicht den Tatsachen, daß die kulturellen Innovationen ausschließlich von Italien ausgingen. Petrarca machte einige seiner bedeutendsten Erfahrungen nicht in der Toskana, sondern am päpstlichen Hof in Avignon, wo er seine wichtigsten Freundschaften schloß und einige seiner berühmtesten Ge-

VAN EYCK
Die drei Marien am Grabe Christi, um 1425/30
Rotterdam, Boymans-Museum

dichte schrieb [72]. In den Niederlanden entwickelten Jan van Eyck, Rogier van der Weyden und andere eine neue Technik der Ölmalerei, die in Italien sehr einflußreich wurde, weil man dort die Gemälde der flämischen Meister hochschätzte. In der Musik, das gestanden selbst die Italiener zu, gaben ebenfalls die Niederlande den Ton an: Ockeghem, so heißt es in einer italienischen Quelle, sei der Donatello der Musik und Josquin des Près ihr Michelangelo [54]. Verschiedene große Künstler und Schriftsteller wie Holbein und Dürer, Erasmus und Montaigne, Shakespeare und Cervantes ließen sich nicht ausschließlich von italienischen Vorbildern anregen, und wo sie es taten, pflegten sie recht frei mit ihren Vorlagen umzugehen. Mit anderen Worten, die herkömmliche Auffassung von der Rezeption der Renaissance im Ausland befindet sich auf einem Irrweg. Doch was läßt sich an ihre Stelle setzen?

Sowohl in der Geschichts- wie in der Literaturwissenschaft hat man in jüngster Zeit am Sinn der Dichotomie zwischen kultureller »Produktion« und »Konsumption« zu zweifeln begonnen und sich vermehrt damit beschäftigt, wie wir das, was wir von anderen übernehmen, modifizieren und unseren eigenen Bedürfnissen anpassen. Es könnte sich daher lohnen, nach dem Nutzen zu fragen, den sich die Künstler, Schriftsteller und Gelehrten des restlichen Europa während des fünfzehnten und sechzehnten Jahrhunderts von Italien versprachen. Wir verlagern damit gewissermaßen unsere Aufmerksamkeit vom »Angebot« auf die »Nachfrage«, interessieren uns weniger dafür, welche Anleihen bei wem gemacht wurden, als wie das Fremde oder Neue assimiliert, integriert, umgearbeitet, umgestaltet und dem Vertrauten angeglichen wurde. Die folgende Darstellung der (um den herkömmlichen Ausdruck zu benutzen) »Rezeption« der Renaissance außerhalb Italiens berücksichtigt also, was in den letzten Jahren als »Rezeptionsästhetik« bekannt wurde – der Versuch einiger Literaturwissenschaftler, die einfache Vorstellung vom direkten »Einfluß« literarischer Texte durch eine subtilere Auffassung zu ersetzen, die die Rezeption als einen Prozeß kreativer Mißdeutung versteht. Wenn wir die Spuren der Italiener im Ausland verfolgen, dürfen wir es nicht bei der Frage bewenden lassen, wer wann zu welchem Zweck wohin ging, sondern müssen zugleich darauf achten, welche Aufnahme (im weitesten Sinn) diese Mittler dort jeweils fanden.

Die Humanisten und die Künstler Italiens scheinen in zwei verschiedenen Wellen ins Ausland abgewandert zu sein, die Humanisten als erste. Zwar hatte Petrarca bereits im vierzehnten Jahrhundert die Niederlande und Paris besucht, doch scheint sich der eigentliche humanistische Intellektuellenexodus auf die Zeit zwischen 1430 und 1520 zu konzentrieren, und ihren Höhepunkt dürfte die humanistische Emigration im späten fünfzehnten Jahrhundert erreicht haben. Die italienischen Gelehrten gingen nach Frankreich, Ungarn, England, Spanien, Polen und Portugal. Allerdings gehörten nur wenige der Emigranten zur ersten Garde, ja, bei einigen muß man wohl vermuten, daß sie ausgewandert sind, weil sie zu Hause keine annehmbare Stellung fanden. Was die Künstler betrifft, so verließen sie Italien in der Mehrzahl etwa eine Generation

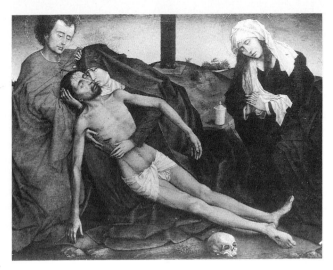

VAN DER WEYDEN
Pièta, um 1445
Brüssel, Museum der Schönen Künste

später als die Humanisten, so daß die Abwanderungsbewegung hier im frühen sechzehnten Jahrhundert ihren Höhepunkt erreichte. Wie die Humanisten zog es auch die meisten Künstler nach Frankreich, aber im Unterschied zu den Gelehrten findet sich hier eine ganze Reihe bedeutender Namen, darunter die Maler Rosso und Primaticcio, der Goldschmied Benvenuto Cellini, der Architekt Sebastiano Serlio und, nicht zuletzt, Leonardo da Vinci. Sie alle kamen auf Einladung François' I., der einer der großen Förderer der nordeuropäischen Renaissance war [38].

Warum gingen diese Leute ins Ausland? Heutzutage fällt es uns verhältnismäßig leicht, ins Ausland zu reisen oder gar dort zu arbeiten, aber damals dürften die Mühsal und Gefahr einer solchen Reise und die Beschwerlichkeit des anschließenden Exils die Entscheidung in den meisten Fällen beträchtlich erschwert haben. Manche Künstler und Humanisten verließen Italien aus Gründen, die wenig mit der Renaissance zu tun hatten. Einige waren in diplomatischen

Diensten unterwegs, wie etwa Aeneas Sylvius Piccolomini (der spätere Papst Pius II.), als er Mitteleuropa bereiste, oder Baldassare Castiglione, der sein Leben als päpstlicher Nuntius in Spanien beschloß. Andere gingen aus politischen Gründen ins Exil. Der nach dem griechischen Dichtergelehrten benannte Filippo »Callimaco« zum Beispiel, ein Mann, der maßgeblich an der Entwicklung des Humanismus in Polen mitwirkte, mußte Italien überstürzt verlassen, nachdem eine Verschwörung, an der er sich beteiligt hatte, gescheitert war. Die religiösen Flüchtlinge sind besser bekannt. Lelio und Fausto Sozzini zum Beispiel, zwei Gelehrte aus Siena, hielten es für ratsam, sich Mitte des sechzehnten Jahrhunderts vor der drohenden Inquisition aus Italien abzusetzen, weil sie nicht an die Lehre von der Dreieinigkeit glaubten (ihnen verdankt der Antitrinitarismus die Bezeichnung »Sozianismus«). Im Fall der Sozzinis und einiger anderer Exilanten wie Peter Martyr Vermigli, der in Oxford Zuflucht fand, verwischt sich die Grenze zwischen im Ausland tätigen italienischen Humanisten und vor der katholischen Kirche geflohenen Häretikern. Natürlich gab es auch Leute, die aus persönlichen Gründen das Exil suchten. So berichtet etwa Vasari, der ein großer Freund deftiger Anekdoten war, daß der Bildhauer Pietro Torrigiani aus Florenz fliehen mußte, nachdem er Michelangelo im Streit die Nase eingeschlagen hatte. Wäre es nicht zu diesem Zwist gekommen, wer weiß, die Kapelle Henrys VII. zu Westminster besäße vielleicht nicht ihr feines Renaissancegrabmal. Man darf in der Geschichte der Renaissance, wie in der Geschichtsschreibung allgemein, die unbeabsichtigten Auswirkungen von Ereignissen nicht vergessen.

Es sind natürlich eben diese Auswirkungen, die die historische Bedeutung der Auslandsbesuche jener Zeit ausmachen. Die Besucher aus dem Süden erteilten offiziell oder privat Unterricht in Griechisch, Rhetorik, Poetik oder Bildhauerei und ermutigten die Einheimischen allein durch ihre Präsenz zum Bruch mit den lokalen Traditionen. Bei einem zufälligen Zusammentreffen im südspanischen Granada gelang es 1526 dem venezianischen Botschafter Andrea Navagero, der selbst ein bekannter Dichter war, den Katalanen Juan Boscán davon zu überzeugen, seine Verse in Zukunft nach italienischer Manier zu schreiben.

Aber nicht immer waren die kulturellen Auswirkungen solcher Besuche unbeabsichtigt. Mancher Italiener ging ins Ausland, weil er von königlichen Mäzenen wie François I. oder von örtlichen, literarisch und künstlerisch interessierten Aristokraten wie Jan Zamojski eingeladen worden war. Zamojski, der später im sechzehnten Jahrhundert polnischer Kanzler wurde, stellte einen italienischen Architekten an, um eine neue Stadt zu entwerfen, die nach ihrem Gründer »Zamość« getauft wurde [37]. Mitunter handelte es sich bei den Förderern im Ausland selbst um Italiener, die in Handelsstädten wie Brügge oder Lyon Kaufmannskolonien gebildet hatten. Auch italienische Fürstinnen wirkten als Kulturvermittler, am bekanntesten unter ihnen sind Beatrice von Aragon, die Frau König Mátyás' von Ungarn, Bona Sforza von Milan, die König Zygmunt von Polen heiratete, und Catherine de Medici aus Florenz, die Frau und Witwe des französischen Königs Henri II. Selbst Soldaten scheinen sich gelegentlich als Kunstförderer betätigt zu haben, war doch der Maler Masolino auf Einladung des toskanischen Söldnerhauptmanns Pippo Spano nach Ungarn gezogen.

Wie reagierten die Einheimischen auf die italienischen Besucher, auf ihre Ideen und Fähigkeiten? Manche von ihnen wurden mit offenen Armen empfangen. Der lombardische Humanist Pietro Martire d'Anghiera zum Beispiel hat einen berühmten Bericht über seinen Besuch an der Universität von Salamanca hinterlassen, wo er 1488 eine Vorlesung über den Dichter Juvenal hielt. Der Vorlesungssaal war derart überfüllt, daß er sich vom Pedell und seinen Leuten einen Weg zum Katheder bahnen lassen mußte, und als er seinen Vortrag beendet hatte, wurde er gleich einem Sieger bei den Olympischen Spielen im Triumph hinausgetragen. Es mag sein, daß ihn seine Begeisterung auch ein wenig über die Wahrheit hinausgetragen hat, schließlich war Pietro Martire von Haus aus Rhetoriker, aber immerhin scheint er dort eine so wohlwollende Aufnahme gefunden zu haben, daß er seinem Schutzherrn bereitwillig Bericht davon ablegte. Auch als Girolamo Aleandro 1511 in Paris über den lateinischen Dichter Ausonius vortrug, versammelte sich eine vergleichbare Menschenmenge, Studenten und Dozenten, aber auch Leute aus der interessierten Öffentlichkeit. Andere italienische Humanisten scheinen im Ausland wiederum eher kühl empfangen worden zu sein, wenn man ihr fortwährendes Wanderleben in diesem Sinn deuten darf. Girolamo Balbo begann seine Lehrtätigkeit in Paris, zog dann über die Niederlande nach Deutschland und schließlich weiter nach Böhmen, während Jacopo Publicio seine Laufbahn in Deutschland und der Schweiz begann und in Portugal beendete. Wie dem auch sei, mancher relativ unbedeutenden und in Italien weitgehend unbekannten Persönlichkeit bot sich im Ausland die Gelegenheit, eine größere Wirksamkeit zu entfalten. Antonio Bonfini hatte sein Dasein als Schulmeister in der italienischen Kleinstadt Recanati gefristet, ehe er zum Hofgeschichtsschreiber Mátyás' von Ungarn avancierte. Gerade zu jener Zeit, dem ausgehenden fünfzehnten Jahrhundert, bestand im Ausland eine große Nachfrage nach italienischen Humanisten, weil man sich dort zwar für klassische Literatur und Bildung zu interessieren begann, es aber noch nicht genügend einheimische Humanisten gab, die den Bedarf hätten decken können. Wenige Jahre später, als eine neue Generation humanistisch ausgebildeter einheimischer Gelehrter herangereift war, konnte man auf die Immigranten allmählich verzichten.

Ein sicheres Anzeichen für das Interesse, das man der Renaissancekultur in vielen Teilen Europas entgegenbrachte, ist der Reiseverkehr in umgekehrter Richtung. Natürlich hatten die zahlreichen Italienbesucher sehr unterschiedliche Gründe; nicht alle machten sich auf den Weg, um Gelehrte zu treffen, Gemälde anzusehen oder die Ruinen des alten Rom zu inspizieren. Wie schon im Mittelalter waren nach wie vor zahlreiche Diplomaten, Kleriker, Soldaten, Kaufleute und Pilger nach Italien unterwegs. Die größte Gruppe der an italienischer Kultur interessierten Besucher waren die Studenten, die vor allem an den Universitäten zu Padua und Bologna Jurisprudenz und Medizin studierten. Aber weder die Jurisprudenz noch die Medizin gehörten zum Fächerkanon der *studia humanitatis*. Gewiß veränderten sich diese beiden Studiendisziplinen allmählich unter dem Einfluß des Humanismus, doch dürfen wir nicht unterstellen, daß alle Dozenten diese Veränderungen begrüßt, geschweige denn, daß die Studenten (oder gar deren zahlende Väter) Italien als das Land großer Neuerungen angesehen hätten.

VAN HEEMSKERCK
St. Peter, 1534/36
Berlin, Kupferstichkabinett

Trotz dieser Einschränkungen sind eine ganze Anzahl Italienreisen dokumentiert, die tatsächlich um der Renaissancekultur im engeren Sinn willen unternommen wurden. Eine Reihe von Künstlern pilgerte nach Italien, um sich mit dem neuen Malstil vertraut zu machen oder die Überreste klassischer Skulpturen und Bauwerke zu begutachten. Albrecht Dürer besuchte zum Beispiel 1505/06 Venedig und traf dort mit Giovanni Bellini (»in der Malerei immer noch der Beste«, wie er notierte) und anderen Künstlern zusammen [65]. Der Niederländer Jan van Scorel weilte um 1520 in Italien, sein Schüler Maarten van Heemskerck besuchte um 1530 Rom, wo er Vasari begegnete und zahlreiche Skizzen von antiken und modernen Gebäuden anfertigte. Auch der französische Architekt Philibert de l'Orme hielt sich um 1530 in Rom auf.

Die Gelehrten bereisten Italien, um sich mit Texten und Betrachtungsweisen vertraut zu machen, die man in ihrer Heimat nicht oder nur dem Namen nach kannte. Die beiden wohl berühmtesten Wissenschaftler oder Naturphilosophen des sechzehnten Jahrhunderts, Kopernikus und Vesal, absolvierten beide ihre Lehrjahre in Italien. Der aus Polen stammende Nikolaus Kopernikus studierte an den Universitäten von Bologna, Padua und Ferrara Griechisch, Mathematik und Astronomie – ein Studienaufenthalt, der in seinem Hauptwerk von 1543, *De revolutionibus orbium coelestium* (das zu beweisen suchte, die Sonne stehe im Zentrum des Universums), viele Spuren hinterließ [3]. Andreas Vesal, gebürtiger Flame, studierte an der Universität Padua Medizin, bevor er 1543 seine berühmte Grundlegung der Anatomie *De humani corporis fabrica* veröffentlichte. Ein weiteres Beispiel für einen Gelehrten, der Italien allein um der neuen Bildung willen bereiste, war Sir Thomas Hoby, ein Gentleman aus Herefordshire, der heute am ehesten noch für seine englische Übersetzung von Castigliones *Hofmann* bekannt ist. Aus Hobys Tagebuch geht hervor, daß er 1548 nach Padua ging, um Italienisch und »Humanität« zu studieren, obwohl er dort auch Vorlesungen über Logik und römisches Recht hörte. Der Niederländer Justus Lipsius, einer der bedeutendsten Gelehrten der zweiten Hälfte des sechzehnten Jahrhunderts, reiste 1567 im Gefolge seines Förderers Kardinal Granvelle nach Rom, um dort klassische Gelehrte wie Carlo Sigonio aufzusuchen und das Altertum aus erster Hand zu studieren [46]. Der französische Historiker Jacques-Auguste de Thou beschreibt in seiner Autobiographie, wie leidenschaftlich er seinem Italienbesuch entgegenfieberte. Als es 1573 soweit war, erwarb er in Venedig griechische Texte, besuchte in Mantua die von Isabella d'Este aufgebaute Gemäldesammlung und traf sich in Rom mit Vasari und Sigonio. Wenige Jahre später, 1580–81, erwies Montaigne dem Land seine Reverenz, bewunderte die Ruinen des antiken Rom und stöberte in den klassischen Manuskripten der vatikanischen Bibliothek.

Wie in vielen anderen Fällen waren jedoch auch hier die unbeabsichtigten Auswirkungen von besonderer Bedeutung: die Entdeckung der Antike oder Renaissance durch Reisende, die nicht ihretwegen nach Italien gekommen waren. Der deutsche Edelmann Ulrich von Hutten zum Beispiel begab sich zum Studium der Rechte in den Süden und geriet während seines Aufenthaltes unversehens in den Bann der klassischen Literatur, namentlich der satirischen Dialoge Lukians, die ihm später dann als Vorlagen für seine reformatorischen Polemiken dienten. Sir Thomas Wyatt entdeckte die italienische Versdichtung, als er (wie Geoffrey Chaucer viele Jahre zuvor) in diplomatischer Mission in Italien weilte, und ließ sich in seiner eigenen Lyrik vom Vorbild Petrarcas inspirieren. Wyatts spanischer Zeitgenosse Garcilaso de la Vega wurde wegen einer Verfehlung nach Neapel verbannt, wo er auf die Dichter Luigi Tansillo und Bernardo Tasso (den Vater des berühmteren Torquato Tasso) traf. Wie sein Freund Boscán nach der Bekanntschaft mit Navagero, befleißigte sich auch Garcilaso fortan eines italienisch beeinflußten Stils.

Natürlich erschöpft sich die Geschichte der Ausbreitung der Renaissance nicht in der Wanderschaft von Individuen. Auch Gemälde und Statuen bewegten sich über den Kontinent, so etwa die Kunstwerke, die von François I. von Frankreich, einem der großen Förderer der Renaissance, in Florenz in Auftrag gegeben wurden [38]. Es gab ferner eine Bewegung der Bücher: die Gedichte Petrarcas, die politischen Schriften Machiavellis, die vom Bolognéser Bramante-Schüler Sebastiano Serlio verfaßte Abhandlung zur Baukunst und viele andere Werke wanderten im Original oder als Übersetzung ins Ausland (wie übrigens auch Serlio selbst, der nach 1540 nach Frankreich zog). Wie noch zu zeigen sein wird, übte die Erfindung des Buchdrucks im späten fünfzehnten Jahrhundert einen beträchtlichen Einfluß auf die Renaissancebewegung aus.

In verschiedener Hinsicht läßt sich die Rezeption von Büchern (insbesondere in Form von Übersetzungen) leichter untersuchen als der schwer faßbare persönliche Austausch zwischen einzelnen Individuen, den wir bislang im Blick hatten. Man kann feststellen, wieviel übersetzt wurde, welche Auswahl dabei getroffen wurde, welche Leute sich an die Übersetzungen machten, und, was das Wichtigste ist, man kann die Popularität einzelner Texte ermitteln und die Veränderungen im Detail untersuchen, denen sie durch die Übertragung in andere Sprachen unterlagen. Je freizügiger die Übersetzungen mit dem Original umgingen, desto mehr teilen sie uns über die Bedürfnisse der ausländischen Leser mit, auf die bei der

Übertragung Rücksicht genommen wurde. Die Rezeption der Renaissance hing – wie die Rezeption eines jeden fremden Wertesystems – notwendig davon ab, wie man sie wahrnahm, und diese Wahrnehmung wiederum war natürlich von den eigenen Begriffsschemata gefärbt. Im sechzehnten Jahrhundert betrachteten die Ausländer Italien als ein exotisches Land, das im Gegensatz zu ihrer eigenen, heimischen Kultur stand, und an den Übersetzungen läßt sich mitunter ablesen, wie die Aneignung des gefährlich verführerischen oder verführerisch gefährlichen Fremden voranschritt. Das von Nicht-Italienern nachgeahmte Italien war in gewissem Ausmaß deren eigene, nach ihren jeweiligen Bedürfnissen und Wünschen geformte Schöpfung, ebenso wie die sowohl von Ausländern wie von Italienern imitierte Antike in wesentlichen Zügen eine Konstruktion ihrer Bewunderer darstellte.

Zwei Beispiele mögen diesen allgemeinen Aneignungsprozeß veranschaulichen. Das erste betrifft die Rezeption italienischer Architektur im Ausland, das zweite die unterschiedliche Aufnahme von Castigliones *Hofmann* in den europäischen Ländern. Das Beispiel der Architektur scheint für die Frage nach dem »Nutzen Italiens« besonders relevant, weil sie neben der dekorativen auch eine funktionale Aufgabe erfüllt; weil sie ganz offenkundig auf die örtlichen geographischen und klimatischen Gegebenheiten Rücksicht nehmen muß; und schließlich, weil sie eine kollektive Kunst ist, an der neben den Architekten zahlreiche Handwerker beteiligt waren. Entsprechend viele Hindernisse stellten sich einer reibungslosen Ausbreitung und Übernahme italienischer Entwürfe im Ausland entgegen. An dieser Tatsache vermochten selbst Musterbücher wie die bereits erwähnte Abhandlung Serlios oder die *Vier Bücher zur Architektur* von Andrea Palladio (die in mehreren europäischen Sprachen vorlagen und also von den einheimischen Architekten und – in einer Zeit, in der die Handwerksmeister noch für die meisten Gebäude verantwortlich zeichneten, nicht weniger wichtig – von den Auftraggebern selbst gelesen und konsultiert werden konnten) durchaus nichts zu ändern. Sogar innerhalb Italiens kam es durch die geographischen Vorgaben zu einer regionalen Differenzierung, so daß die Architektur der lombardischen oder venezianischen Renaissance sich in mancher Hinsicht von derjenigen der

Das Schloß Chambord/Loire,
erbaut von Nepreu, gen. Trinqueau,
1519—1533

Toskana unterscheidet. Bis zu einem gewissen Grade wurden diese inneritalienischen Unterschiede ebenfalls ins Ausland »exportiert«. Die Ungarn imitierten die toskanischen Vorlagen, die französische Architektur orientierte sich eher an der Lombardei, während die deutsche Baukunst den venezianischen Modellen folgte.

Es ist darauf hingewiesen worden, daß sich die Architektur der italienischen Renaissance nicht als »Formganzes«, sondern in Bruchstücken über Europa verbreitete. Der Prozeß ließe sich zu Recht als *bricolage* beschreiben, das heißt, als das Einfügen neuer italienischer Elemente in die traditionellen einheimischen Strukturen. Dies trifft besonders auf die erste Rezeptionsphase zu. Im Frankreich des frühen sechzehnten Jahrhunderts wurde die italienische Ornamentik zum Beispiel höher geschätzt als die klassizistischen Grundrisse. Die Rundtürme des für François I. gebauten Schlosses von Chambord stehen unzweifelhaft in französischer Tradition, und eindeutige Neuerungen lassen sich nur in den architektonischen Details entdecken. Aus Kostengründen und, wie Philibert de l'Orme bemerkte, wegen des rauheren Klimas benutzte man Baustein aus der Umgebung [35]. Doch die Wahl des Materials wirkte sich unvermeidlich auf die Form aus, und so paßte sich die italienische Renaissancearchitektur allmählich den einheimischen Gegebenheiten an.

In England orientierte sich der Elisabethaner Robert Smythson an den Entwürfen Serlios, und Inigo Jones imitierte Palladio, aber auch hier wurden die Vorlagen, teils aus praktischen Gründen und teils zur Verwirklichung eigener Ideen, mehr oder weniger stark modifiziert. Die vielen bissigen Bemerkungen über die zugigen Portiken englischer Landhäuser lassen erahnen, daß die Anpassung der mediterranen klassizistischen Entwürfe ans feuchtwindige Klima der Insel mitunter deutlich zu wünschen übrig ließ. Aber schon Sir Henry Wottons *Elements of Architecture* von 1624 berücksichtigt das notorische Problem der Zugluft und befaßt sich mit der baulichen Gestaltung von Schornsteinen und Dachschrägen, die in Italien weniger wichtig waren als in England.

Damit soll nicht gesagt sein, daß die italienischen Entwürfe nur aus zweckrationalen Gründen verändert wurden. Wollten wir die Modifikationen allein auf diesen Gesichtspunkt reduzieren, würden wir eben jenem kruden Funktionalismus anheimfallen, den wir bisher zu vermeiden trachteten. Es gab ganz verschiedene Gründe für solche Veränderungen. Manche von ihnen waren ohne Zweifel beabsichtigt, andere schlichen sich unter der Hand ein. Manchmal gingen die Abweichungen von den italienischen Vorlagen auf den Einsatz einheimischer Handwerker zurück, die ihre eigenen Traditionen besaßen und nicht genau begreifen konnten oder wollten, was man von ihnen verlangte. Obschon von dem italienischen Architekten Domenico da Cortona entworfen, wurde Schloß Chambord doch von französischen Maurern gebaut. Die neugegründete Stadt Zamość in Polen folgte zwar den Plänen des Italieners Morando, ausgeführt aber wurden die Entwürfe auch hier von einheimischen Handwerkern. Ein besonders sinnfälliges Beispiel für die Spannung und Durchdringung von örtlichen Traditionen und italienischen Vorlagen liefert die Renaissancearchitektur Spaniens, wo das Handwerk – zumindest im Süden – noch stark vom Islam geprägt war.

Gelegentlich war es der Auftraggeber selbst, der (damals noch viel unmittelbarer über die Ausführung wachend) aus symbolischen eher denn zweckdienlichen Gründen eine Änderung der italienischen Entwürfe verlangte. Gegen Ende des fünfzehnten Jahrhunderts beauftragte Zar Iwan III. den Italiener Aristotile Fioravanti mit den Entwürfen zur St.-Michaels-Kathedrale im Kreml, verlangte jedoch von Fioravanti, daß er dem Grundriß der Kathedrale von Vladimir aus dem zwölften Jahrhundert folgte. Die

Ambivalenz des Zaren gegenüber dem Westen stellt nur ein extremes Beispiel für eine weit verbreitete Reaktion auf die italienische Kultur dar. Aus einer ganzen Reihe von Gründen wurde die italienische Kultur also nicht einfach nur importiert, sondern im Ausland rekonstruiert, so daß sich zahlreiche Mischformen entwickelten, die (aus italienischer Perspektive) als Mißdeutungen oder (neutraler) als kreative Anpassungsleistungen beschrieben werden müssen.

Als gedruckte Handlungsanleitung und gleichsam als Konstruktionsplan zur Selbstbildung steht Castigliones *Hofmann* den architektonischen Abhandlungen Serlios und Palladios nicht fern. Die Ausbreitung dieses Buches und seine Übersetzungen und Nachahmungen geben uns Aufschluß darüber, wie das höfische Ideal Italiens im restlichen Europa aufgenommen, angeeignet und verändert wurde.

Castigliones Dialog, erstmals 1528 erschienen, wurde schon bald ins Spanische und Französische übersetzt, während die englische Ausgabe bis 1561 auf sich warten ließ. Der spanische Übersetzer war kein anderer als Juan Boscán, und die Übertragung ins Englische wurde von Thomas Hoby besorgt; auf deren Begeisterung für die italienische Kultur haben wir oben bereits aufmerksam gemacht. Hoby versuchte, nach eigenem Bekunden, »dem eigentlichen Sinn und Wort des Autors zu folgen, ohne mich durch willkürliche Einbildungen irreführen zu lassen oder hier und da ein Stück fortzulassen«. Nichtsdestoweniger fehlte es der englischen Sprache zu jener Zeit an genauen Gegenstücken zu einzelnen Schlüsselbegriffen Castigliones, und so sah sich Hoby zur Neuschöpfung von Ausdrücken gezwungen. Der Ausdruck *cortegiania*, zum Beispiel, den wir heute vielleicht als *courtiership* [Hofmannskunst] wiedergeben würden, findet sich bei Hoby als *the trade and manner of courtiers* [Verkehr und Lebensart der Höflinge] paraphrasiert. Der berühmte Begriff *sprezzatura*, eine Art nachlässige Anmut, wurde entweder als *disgracing* [Beschämen] oder als *recklessness* [Unbekümmertheit, Rücksichtslosigkeit] übersetzt. Es bleibt – zumindest mir – uneinsichtig, warum Hoby hier nicht auf das Wort *negligence* [Sorglosigkeit] zurückgriff, das bereits Chaucer verwendet hatte und das der *negligentia* bei Cicero, an dem sich Castiglione orientierte, am nächsten gekommen wäre. Doch wie dem auch sei, der Mangel an Entsprechungen für die Schlüsselbegriffe Castigliones behinderte eine reibungslose Übertragung seiner Ideen in andere Sprachen, wie sehr sich auch die Höfe Englands, Frankreichs, Spaniens und anderer Länder als Institutionen gleichen mochten.

Ähnliche Schwierigkeiten ließen sich auch für die französische oder spanische Übersetzung nachweisen, doch ist die polnische Fassung des *Hofmanns*, das 1566 von Lukasz Górnicki veröffentlichte *Dworzanin Polski*, in dieser Hinsicht noch aufschlußreicher. Es handelt sich dabei weniger um eine Übersetzung als um eine Übertragung im weitesten Sinn. Der Dialog wurde vom Hof der Herzogin von Urbino im Jahre 1508 nach Krakau ins Jahr 1550 verlegt, und sämtliche Rollen wurden von polnischen Edelmännern übernommen, angeblich weil die – polnischen – Edelfrauen nicht gebildet genug waren, sich an einer solchen Konversation zu beteiligen. Górnicki erklärt weiter, daß er Castigliones Erörterung der Malerei und Plastik fortgelassen habe, weil »wir davon hier nichts verstehen«. Statt der Streitgespräche, welcher Form des Italienischen man sich in Sprache und Schrift am besten bediene, findet sich eine Unterhaltung über die Vorzüge und Nachteile der verschiedenen slawischen Sprachen.

Als Übersetzung im strengen Sinn ist das *Dworzanin Polski* zweifellos unzuverlässig. Legt man aber die Kriterien an, die im *Hofmann* selbst propagiert werden – nämlich daß eine jede Imitation der Antike notwendig vom Geist der Antike wegführt, weil die Antike selbst niemanden imitierte – so müßten wir Górnicki für einen getreueren Übersetzer gelten lassen als beispielsweise Hoby, gerade weil er sich weiter vom Original entfernte. Er tat sein Bestes, die italienische Kultur in polnische Verhältnisse zu übersetzen. Der Ausschluß der Frauen geschah nicht aus willkürlicher Kaprice, sondern spiegelte die Kluft wider, die zwischen den beiden Kulturen bestand. Solche Veränderungen erinnern uns daran, daß einer unmittelbaren Ausbreitung italienischer Werte neben den sprachlichen und klimatischen auch soziale Hindernisse im Weg standen.

Dasselbe gilt für die Angriffe, denen Castiglione oder die jungen Männer, die ihr Benehmen nach seinem Vorbild ausrichteten, im Ausland ausgesetzt waren und die eine Art anti-italienischer Gegenbewegung ausdrückten. Die Anfeindungen gegen den vermeintlichen italienischen Kulturimperialismus wurden oft unter dem Banner einer Verteidigung der Aufrichtigkeit vorgetragen. Der englische Dichter John Marston machte sich in einer Satire über »den vollkommenen Castilio« und seine »zeremoniösen Schmeicheleien« lustig. Auch in Frankreich stand der *Hofmann* für Heuchelei und für die »Korruption« der französischen Sprache durch italienische Worte, eine Gefahr, der sich die Puristen paradoxerweise dadurch erwehren zu müssen glaubten, daß sie mit sprachlichen Neuschöpfungen wie »Italianisierung« gegen die Einflüsse aus dem Süden polemisierten. Vergleichbare Angriffe wurden gegen Machiavelli vorgetragen, der ebenfalls als ein Propagandist der Heuchelei galt und darüber hinaus des »Atheismus« verdächtigt wurde. So erklärt etwa die Figur des »Machiavel« in Christopher Marlowes *Tragödie des reichen Juden von Malta* (etwa 1591):

Für mich ist Religion nichts als kindisches Spiel
Und gibt es keine andere Sünde als Unwissenheit.

Die Feindseligkeit, mit der man Machiavelli, Castiglione und anderen Autoren begegnete, war jedoch nicht allein Ausdruck eines anti-italienischen, sondern häufig auch eines anti-katholischen oder, um in der Sprache der Zeit zu reden, »anti-papistischen« Ressentiments. Ein Hindernis, das sich einer widerspruchslosen Ausbreitung der italienischen Renaissance in den Weg stellte, war jedenfalls die Reformation.

Einer recht verbreiteten Auffassung zufolge unterschied sich die Renaissance nördlich der Alpen von der Bewegung in Italien durch den Aufstieg eines »christlichen Humanismus«, wie er sich vorbildlich in Erasmus verkörperte. Diese Auffassung beruht auf der, wie im zweiten Kapitel nahegelegt, falschen Annahme, daß Italien im Gegensatz zum Norden von »heidnischen« Humanisten bevölkert gewesen sei. Die Köpfe der italienischen Renaissance beschäftigten sich sowohl mit Theologie als auch mit humanistischen Wissenschaften, und wie manche Kirchenväter vor ihnen trachteten sie bewußt danach, die Verehrung der Antike mit dem Christentum zu vereinen. Ja, man kann sie zu Recht als Anhänger sowohl der patristischen wie der klassischen Antike beschreiben [30]. Nördlich der Alpen beschäftigten sich die Humanisten zwar noch intensiver mit

HOLBEIN d. J.
Erasmus von Rotterdam

RAFFAEL
Baldassare Castiglione, um 1515
Autor des *Hofmann*
Paris, Louvre

geistlichen Studien [39, 60, Kap. 14], das lag aber nicht daran, daß die Humanisten dort bessere Christen gewesen wären. Der Unterschied läßt sich teilweise darauf zurückführen, daß die humanistische Bewegung im Norden eine andere institutionelle Grundlage besaß (das heißt stärker an die Universitäten und Klöster gebunden blieb als in Italien), teilweise auf das zeitliche Zusammentreffen des mittel- und nordeuropäischen Humanismus mit der Bewegung zur Kirchenreform vor und nach Martin Luther.

Das Paradebeispiel des nördlichen Humanisten ist gewiß Erasmus, der von circa 1466 bis 1536 lebte [66]. Erasmus zeigte unbestreitbar ein großes Interesse an den alten Sprachen, widmete sich aber nach seinem dreißigsten Lebensjahr vermehrt dem Studium des Christentums. Er verwandte viel Zeit auf die Exegese und Übersetzung der Bibel (unter Rückgriff auf die griechische Urfassung des Neuen Testaments) und gab die Schriften einiger Kirchenväter, unter anderem des Hieronymus und Origines, heraus. Wie sie versuchte er in manchen seiner Schriften christliche mit klassischen Ideen zu vereinen. In einem seiner Dialoge, dem *Göttlichen*

Fest (1522), erklärt einer der Beteiligten, Cicero sei »von Gott inspiriert« gewesen, ein anderer schreibt Sokrates christliche Gedanken zu, während ein dritter sich beinahe zu dem Ausruf »Heiliger Sokrates, bete für uns!« hinreißen läßt. Nichtsdestoweniger blieben Spannungen bestehen, wie ein anderer, weit berühmterer Dialog von Erasmus zeigt. Der Titel dieser Schrift von 1528, *Der Ciceronianer*, erinnert an den sündigen Traum des heiligen Hieronymus. Der Protagonist des Dialogs, ein gewisser Nosoponus, möchte genau wie Cicero schreiben können. Ein anderer wendet ein, dies sei unmöglich, weil man das ciceronische Rom nicht auferstehen lassen könne. Der Dialog unterstreicht das Paradox, daß eine Imitation der Alten in einer veränderten Welt keine Imitation mehr sein kann, und veranschaulicht in der Wahrnehmung dieses Anachronismus zugleich das neue Geschichtsbewußtsein der Renaissance [49]. Aber die eigentliche These des Dialogs lautet, daß man Cicero nicht nacheifern solle, weil er ein Heide war. Ein Gesprächsteilnehmer kritisiert ein lateinisches Epos über die Geburt Christi aus der Feder des italienischen Dichters Jacopo Sannazzaro, weil es seinen heiligen Gegenstand auf klassische, an Vergil geschulte Weise behandelt. Es wird ferner von einer Predigt im Vatikan berichtet, in der Papst Julius II. mit dem heidnischen Gott Jupiter verglichen worden sein soll. Die Vorstellung vom heidnischen Humanismus Italiens findet sich also bereits bei Erasmus. Nichtsdestoweniger beruht diese Vorstellung auf Mißverständnissen und Fehlinformationen. Nachforschungen in neuester Zeit über die in der päpstlichen Kapelle gehaltenen Predigten haben keinerlei Hinweis auf den von Erasmus beanstandeten Text erbracht.

Im frühen sechzehnten Jahrhundert wurde der Austausch zwischen humanistischer Bewegung und Theologie am intensivsten. 1508 wurde im spanischen Alcalà ein »dreisprachiges« Bibelkolleg gegründet, in dem Hebräisch, Altgriechisch und Latein studiert wurde [43]. Der spanische Humanist Juan Luis Vives gab die Werke Augustins heraus und setzte sich dafür ein, daß in den Schulen frühchristliche statt heidnischer Autoren gelesen wurden. In Frankreich lernte der Theologe Jacques Lefèvre d'Etaples Altgriechisch, um das Neue Testament und die neoplatonischen Schriften im Original lesen zu können. Auch in Deutschland gab es eine Gruppe von

Humanisten mit deutlich theologischen Interessen, unter ihnen der großε Hebraist Johannes Reuchlin. In London setzte der Erasmusschüler John Colet die Schriften frühchristlicher Autoren wie Lactantius und Juvencus auf den Lehrplan seiner neben der St. Paul's Kathedrale neu gegründeten Schule [60, Kap. 15]. In Cambridge übersetzte der Graecist John Cheke nicht nur die antiken Tragödien des Euripides, sondern auch die großen Predigten des einstigen Bischofs von Konstantinopel, Chrysostomos.

Die Verbindung zwischen Humanismus und Theologie erreichte in den ersten beiden Dekaden des sechzehnten Jahrhunderts ihren Höhepunkt, blieb aber auch nach der Exkommunizierung Luthers und dessen Zerwürfnis mit Erasmus weiter bestehen. Die weitere Entwicklung läßt sich am besten als Anpassung der humanistischen Ideen und Fähigkeiten an veränderte Umstände beschreiben. Wenn man den Humanismus, wie seinerzeit üblich, über seine besondere Wertschätzung der »Würde des Menschen« definierte, mußte Luther zwangsläufig als Anti-Humanist erscheinen, da er (anders als Erasmus) nicht an den freien Willen glaubte. Luther war jedoch durchaus kein Gegner des Humanismus im Sinne der *studia humanitatis*. Er hatte selbst eine klassische Ausbildung genossen und begrüßte die Wiederbelebung der antiken Bildung in Gelehrtenkreisen, weil er sie als eine von Gott geförderte Vorbereitung auf die Kirchenreform begriff. Er unterstützte beispielsweise Philipp Melanchthon in seinem Bemühen, an der Universität Wittenberg einen humanistischen Lehrplan einzuführen.

Zwingli stand den Humanisten noch näher als Luther und glaubte, daß einige besonders tugendhafte Heiden wie Sokrates ebenfalls erlöst worden wären. Calvin dagegen verhielt sich eher ambivalent und verdächtigte die *sciences humaines*, wie er die humanistischen Wissenschaften nannte, der »eitlen Neugier«. Dennoch hatte er selbst in seiner Jugend humanistische Fächer studiert und einen Text des römischen Philosophen Seneca herausgegeben, und selbst in reiferem Alter konnte er sich nicht dazu durchringen, Cicero und Platon endgültig zu verwerfen.

Auch im katholischen Europa hielt die Verbindung zwischen Christentum und Humanismus über die Reformation hinaus an und überlebte sogar das Tridentinische Konzil (1545–1563), auf dem die Humanisten eine schwere Niederlage erlitten. Es gelang ihnen nicht, die Vulgata (die offizielle lateinische Bibelübersetzung) durch eine neue, nach den ursprünglichen griechischen und hebräischen Texten angefertigte Fassung zu ersetzen. Außerdem sanktionierte das Konzil zu Trient den berüchtigten Index verbotener Bücher, der – eine weitere Niederlage für die Humanisten – auch die Lektüre und Verbreitung der Schriften Erasmus' untersagte. Die klassische Literatur hingegen blieb vom Bann verschont, nicht zuletzt weil sie einen wichtigen Bestandteil des katholischen und insbesondere des jesuitischen Lehrplans darstellte. Es wird oft behauptet, die Jesuiten hätten den Humanismus wohl dem Buchstaben, nicht aber dem Geiste nach unterstützt, doch beruht diese Auffassung einmal mehr auf der irrigen Voraussetzung, die »echten« Humanisten hätten im Grunde heidnischen oder zumindest rein weltlichen Lehren angehangen. Der jesuitische Versuch, die klassische Überlieferung den Bedürfnissen des sechzehnten Jahrhunderts anzupassen, unterschied sich zwar im Detail, nicht aber im Grundsatz von den früheren Bemühungen Erasmus' und Colets. Die jesuitischen Lehrpläne stimmten vielmehr in vielen Punkten mit denjenigen früher humanistischer Schulmeister wie Vittorino da Feltre und Guarino da Verona überein. Der Hauptunterschied zwischen einer humanistischen und einer jesuitischen Erziehung bestand darin, daß erstere von der mittelalterlichen Philosophie nichts wissen wollte, während sie für letztere zur Ausbildung dazugehörte [60, Kap. 16]. Ebenso wie der katholische Klerus um eine Verknüpfung der humanistischen Methoden mit denen der mittelalterlichen Philosophie bemüht war, versuchten auch viele Edelleute, den Humanismus mit den Einstellungen und Werten der mittelalterlichen Kriegeraristokratie zu vereinen, so daß die Historiker sich zu Mischbegriffen wie »Bildungsritter« oder »ritterlichem Humanismus« genötigt sehen, um die Höfe in Norditalien (etwa das Ferrara des Ariost), im Burgund des fünfzehnten Jahrhunderts oder im England der Tudors zu beschreiben [44]. Graf Castiglione, der Autor des *Hofmann*, und Sir Philip Sidney propagierten und praktizierten nicht nur die neuen Werte der Renaissance, sondern ebenso die traditionellen Werte des mittelalterlichen Rittertums: Kriegskunst, Ritterlichkeit und höfisches Leben. Die Verschmelzung von

Altem und Neuem wurde auf den alljährlichen Turnieren zur Feier der Thronbesteigung Elisabeths I. besonders augenfällig, wo die Ritter (einschließlich Sidneys) in einer mit Renaissanceornamentik verzierten Rüstung nach spätmittelalterlichen Turnierregeln fochten und damit leibhaftig jenen ritterlichen Humanismus inszenierten, der in Spensers *Faerie Queene* seinen literarischen Ausdruck gefunden hatte [40].

Beispiel um Beispiel sehen wir uns zu der Verallgemeinerung gedrängt, daß die humanistische Bewegung (wie so viele andere Reform- oder Erneuerungsbewegungen vor und nach ihr) mit zunehmendem Erfolg allmählich an Radikalität und Profil verlor. Die Geschichte des politischen Denkens scheint diese Diagnose zu bestätigen. Die humanistische Bewegung wurde im Milieu der nord- und mittelitalienischen Stadtstaaten groß, deren Entwicklung sie ebenso mitgestaltete, wie sie selbst davon beeinflußt wurde. Ein Historiker hat sogar die Ansicht vertreten, die Florentiner Bürger seien erst im Laufe ihres »Freiheitskampfes« gegen den Herzog von Mailand um das Jahr 1400 zu bewußten Anhängern der Renaissancewerte geworden, wie sie vom Florentiner Kanzler Leonardo Bruni vertreten wurden [25, vgl. 26, 42]. Der am engsten der Renaissance verbundene Staat, Florenz, blieb zumindest nominell bis 1530 eine Republik, wenngleich die Schriften Machiavellis und Guicciardinis vermuten lassen, daß das emphatische Vertrauen in die Vernunft und den Menschen einen schweren Schlag erlitt, als den Florentinern im Jahre 1494 die Verteidigung ihrer Stadt gegen das französische Invasionsheer unter König Charles VIII. mißlang [29]. In Florenz wie in den anderen Republiken (namentlich in Venedig und Genua, die bis ins achtzehnte Jahrhundert eine republikanische Staatsform beibehielten) neigten sowohl herrschende Klasse wie Humanisten zur Identifikation mit den republikanischen Staatsmännern des antiken Athen und Rom, allen voran mit Cicero, der in seiner Person die Rollen eines Politikers, Redners und Philosophen vereint hatte. Dieser humanistische Republikanismus oder »staatsbürgerliche Humanismus« übte eine gewisse Anziehungskraft auf die freien Städte Deutschlands und der Schweiz aus, so etwa auf das Basel des sechzehnten Jahrhunderts oder auf Nürnberg, wo Leute wie Willibald Pirckheimer, ein Freund Dürers und

Übersetzer der griechischen Klassiker Plutarch und Lukian, im Stadtrat saßen. Erasmus, seinerseits aus dem mehr oder weniger unabhängigen Rotterdam stammend, war den Republiken ebenfalls wohlwollend gesonnen und äußerte sich wiederholt kritisch über die Fürsten, die man seiner Meinung nach zu Recht mit Raubvögeln verglich, weil sie diesen weder in Habsucht und Habgier noch in Blutrünstigkeit nachstünden (er mag hier an Kaiser Maximilian gedacht haben, der seinerzeit gerade mehr Steuern aus den Niederlanden herauszupressen versuchte).

An vielen anderen Orten Europas war jedoch die monarchische Staatsform die Regel, und das Vorbild klassischer oder neuzeitlicher italienischer Republiken mußte als wenig zweckdienlich erscheinen. Es war die Welt der sogenannten »Renaissancefürsten« – ein zwar griffiger, aber leider auch recht unscharfer Ausdruck. Wenn von Kaiser Karl V., François I. oder Henry VIII. als von Renaissancefürsten gesprochen wird, dann kann damit gemeint sein, daß diese Herrscher ein gewisses Interesse am Humanismus oder an den Künsten zeigten, daß sie eine neue Art der Politik betrieben (die womöglich mit den kulturellen Veränderungen der Zeit im Einklang stand), oder einfach nur, daß sie zu jener Zeit lebten, die wir pauschal als »die Renaissance« bezeichnen. In der Tat interessierten sich alle drei Herrscher für die neuen Entwicklungen in der Kunst. Karl V. gab mehrere Gemälde bei Tizian in Auftrag, und Henry VIII. nahm Holbein den Jüngeren in seine Dienste, während François I. verschiedene italienische Meister an seinen Hof rief und sich in Chambord und Fontainebleau großartige Schlösser errichten ließ. Die königliche Gelehrtenförderung, namentlich die von François I. begründeten und auf Altgriechisch und Hebräisch gehaltenen »Königlichen Vorlesungen«, waren für die Etablierung des Humanismus in Frankreich von großer Bedeutung [38]. Man muß jedoch bezweifeln, daß diese Herrscher auch auf eine neue, »renaissancegemäße« Weise regierten, wie es die überkommene Vorstellung will. Die heutige Geschichtsforschung betont im Gegenteil die Fortsetzung spätmittelalterlicher Verwaltungstraditionen unter ihrer Staatsführung.

Die Verbindung zwischen Politik und der Ausbreitung der Renaissance läßt sich daher nicht als die Geschichte der Verbreitung

TIZIAN
Karl V. in der Schlacht bei Mühlberg, 1548/49
Madrid, Prado

republikanischer Ideen lesen. Welche Elemente der klassischen Tradition oder dem zeitgenössischen Italien entnommen und wie sie gedeutet wurden, hing unter anderem von der bereits bestehenden politischen Kultur des nördlichen Europa ab. Der Erfolg von Castigliones *Hofmann* im Ausland verdankte sich beispielsweise nicht ausschließlich den literarischen Meriten des Buchs, sondern auch der besonderen Relevanz, die ihm in den Gesellschaften nördlich der Alpen zukam. Obwohl Machiavelli in Diensten der Republik Florenz stand und seine *Discorsi* über die Frühgeschichte Roms zur staatsbürgerlichen Belehrung seiner Mitbürger schrieb, wurde er außerhalb Italiens vor allem für seine kleinen, an die Fürsten gerichteten Ratgeber berühmt – und berüchtigt. Thomas More mag in seinem *Utopia* von Platons *Staat* inspiriert worden sein, aber es waren die Probleme des englischen Königreichs unter Henry VIII., mit denen er sich von Berufs wegen befaßte [42, 71]. Selbst Erasmus schrieb, seiner Abneigung gegen Raubvögel ungeachtet, für Karl V. eine Fibel über *Die Erziehung des christlichen Fürsten*, in der dem künftigen Kaiser zum Rücktritt geraten wurde, falls sich Ungerechtigkeit oder die Zerstörung der Religion unter seiner Herrschaft nicht vermeiden ließen. Vielleicht hatte Erasmus den klassischen Präzedenzfall des Kaisers Diokletian vor Augen, doch sollte sein Ratschlag aktueller werden, als er geahnt haben dürfte. Karl trat tatsächlich 1555 zurück, nachdem in seinem Reich ein durch die Glaubensspaltung zwischen Protestanten und Katholiken angeheizter Bürgerkrieg gewütet hatte. Man fragt sich unwillkürlich, ob der Kaiser nicht am Ende jenen Rat beherzigt hat, den ihm Erasmus vierzig Jahre zuvor mit auf den Weg gegeben hatte.

Karls Hofprediger, der spanische Mönch Antonio de Guevara, zählte ebenfalls zu den Anhängern der humanistischen Bewegung. Er gab seinen Ratschlägen an den Herrscher die Form eines Traktats mit dem Titel *Fürstenuhr*, das sich stark an den antiken Moralisten Seneca anlehnte und dem deutschen Kaiser als leuchtendes Beispiel den römischen Kaiser Marc Aurel pries. Guevaras Werk, das zahlreiche Neuauflagen erlebte und ins Englische, Französische und in andere Sprachen übertragen wurde, ist eines der bedeutendsten Beispiele für den Neostoizismus der Renaissance. Ein weiteres Beispiel ist die 1584 erschienene Abhandlung *Von der Beständigkeit* des flämischen Humanisten Justus Lipsius [45]. Die Leser des sechzehnten Jahrhunderts waren von der Lehre der griechischen und römischen Stoiker, namentlich Senecas, fasziniert, weil sie angesichts der Tyrannei, des Todes oder der »Schleudern und Pfeile des rasenden Geschicks«, wie es bei Hamlet heißt, zur Wahrung seelischer Gelassenheit und zur »Beständigkeit« riet. Entsprechend lautete die Inschrift auf einem englischen Porträt des sechzehnten Jahrhunderts:

Weniger als der Fels inmitten des tobenden Meeres
Scheut und fürchtet ein beständiges Herz die Gefahr

Ganz ähnlich steht auch Pamela, die Heldin in Sidneys pastoralem Ritterroman *Arcadia*, fest »wie ein Fels inmitten des Meeres, von Wind und Wellen umbrandet, doch gänzlich unbewegt«. Die wesentlich passive Tugend der Beständigkeit eignete sich besser für die Untertanen eines Monarchen als für die politisch aktiven Bürger einer Republik. Wie der erneuerte Stoizismus erlangte auch das wiederbelebte römische Recht – das weniger aus der Zeit der Republik als aus dem Kaiserreich stammte – in den Monarchien jenseits der Alpen seine größte Bedeutung. Römisches Recht wurde bereits im Mittelalter gelehrt, namentlich an der Universität von Bologna. Im Laufe des fünfzehnten und sechzehnten Jahrhunderts begannen sich die Gelehrten jedoch mehr und mehr dafür zu interessieren, welche Beziehung zwischen dem römischen Rechtssystem und der Gesellschaft bestand, aus der es hervorgegangen war, und welchen Veränderungen es im Laufe der Zeiten unterworfen war. Eine ganze Reihe von Humanisten beschäftigte sich mit alten Rechtstexten, doch in der Sichtweise der Juristen handelte es sich bei diesen Leuten um bloße Laien. Die eigentlichen Fortschritte erbrachten denn auch Gelehrte, die sowohl die Rechte als auch humanistische Wissenschaften studiert hatten. Unter den drei führenden Köpfen, die sich im frühen sechzehnten Jahrhundert mit der Neu-Interpretation des römischen Rechts befaßten, befand sich lediglich ein Italiener, Andrea Alciati, der überdies lange Zeit an den Universitäten von Avignon und Bourges in Frankreich lehrte. Guillaume Budé stammte aus Paris, während Ulrich Zasius, ein Freund Erasmus', in Konstanz am Bodensee geboren war. Obschon die italienischen

Humanisten mit dem Studium des römischen Rechts begannen, kamen langfristig die bedeutendsten Beiträge in diesem Bereich aus Frankreich [41]. Die französischen Könige erhoben, wie die Kaiser Roms, einen »Absolutheitsanspruch«, mit dem sie sich über die Gesetze stellten, und nicht zufällig wurde die Maxime, daß was immer dem Herrscher beliebe, die Kraft von Gesetzen besitze, von einem römischen Juristen formuliert.

Die Prosadichtung war ein weiterer Bereich, in dem die Nord- und Westeuropäer ihre italienischen Vorläufer übertrafen. Die Komödien Ariosts oder Aretinos waren kaum zu überbieten, ebensowenig die Versepen Ariosts (wie es Spenser in der *Faerie Queene* versuchte); auch die Schäferdichtung hatte mit Tassos *Aminta* oder Gian Battista Guarinis in ganz Europa imitiertem romantischem Schauspiel über den *Treuen Schäfer* (1585) in Italien eine gewisse Vollendung erreicht. In der Kunst der Novelle freilich hatten die Italiener zwar von Boccaccio bis Bandello ihre Meisterschaft bewiesen, aber die Fortentwicklung dieser Gattung zu umfangreicheren Werken fand außerhalb Italiens statt. Zu den großen Meistern der neuen Form zählten, natürlich, Rabelais mit seinem *Pantagruel* (1532), *Gargantua* (1534) und dem *Tiers Livre* (1546), sowie Cervantes mit seinem *Don Quixote* (in zwei Teilen 1605 und 1615 erschienen). Aber auch vergleichsweise geringere Autoren verfaßten Werke von hohem Rang, von Sir Philip Sidneys *Arcadia* (etwa 1580 geschrieben) bis hin zu der anonymen spanischen Erzählung *Lazarillo de Tormes* (1554), die insofern mit der herrschenden Tradition bricht, als sie die Geschichte eines berufsmäßigen Bettlers und Taschenspielers aus der Perspektive dieses Antihelden selbst erzählt [46, Teil 4].

Natürlich stehen auch diese Werke unter dem Einfluß klassischer Vorbilder, seien es die komischen Dialoge Lukians, griechische Dichtungen wie *Daphnis und Chloe* oder spätlateinische Prosa wie *Der goldene Esel* des Apuleius und das *Satyricon* des Petron. Es lassen sich Anleihen bei den Ritterdichtungen des Mittelalters und insbesondere bei deren ironischer Verarbeitung durch Ariost erkennen. Dennoch gibt es zu den Werken Rabelais' und Cervantes' keine Parallele. Eine der wichtigsten Neuerungen dieser beiden Autoren bestand in ihrem freizügigen Gebrauch der Parodie, der sich vornehmlich gegen die mittelalterlichen Ritterlegenden richtete. Die Suche nach dem heiligen Gral gehörte zu den wichtigsten Themen der mittelalterlichen Dichtung; bei Rabelais hingegen begeben sich die Helden auf eine Art Antisuche nach dem »Orakel des heiligen Bacbuc«, das die Form einer Flasche besitzt. Don Quixote wiederum wird bereits auf der ersten Seite als leidenschaftlicher Leser von Rittergeschichten porträtiert, und seine Abenteuer sind nichts anderes als die groteske Umsetzung dieser in seinem Kopf herumspukenden Legenden. In beiden Erzählungen geht es um das Verhältnis von Dichtung und Wirklichkeit beziehungsweise um das Problem ihrer Interpretation. Im Prolog zu *Gargantua* weist der Autor (laut Titelseite ein gewisser »Meister Alcofrybas Nasier«) den Leser erst darauf hin, daß die komische Geschichte einen ernsten Sinn besitzt, macht sich aber anschließend über jene Leute lustig, die Homers Verse als Allegorien deuten zu können glauben. Cervantes behauptet, seine Geschichte nicht erfunden, sondern bei einem arabischen Geschichtsschreiber entdeckt und nacherzählt zu haben, und Don Quixote ist in seiner standhaften Weigerung, Alltagsleben und Ritterlegenden auseinanderzuhalten, nichts anderes als die Verkörperung des hermeneutischen Problems [48, 64, 73, 74].

Es ist verschiedentlich argumentiert worden, daß diese Art ironischen Selbstbewußtseins durch die Ausbreitung des gedruckten Buches begünstigt worden sei und daß sich die wichtigsten Unterschiede zwischen den Schriftstellern der Renaissance und des Mittelalters durch das Aufkommen der »Kultur des Buchdrucks« erklären ließen. Manche Historiker gehen so weit zu behaupten, daß es ohne Buchdruck keine Renaissance hätte geben können [89]. So wichtig dieser Gedanke ist, man läuft leicht Gefahr, ihn überzubewerten oder zu mißdeuten. Da die Erfindung des Drucks mit beweglichen Lettern in die Mitte des fünfzehnten Jahrhunderts fällt, kann sie auf die Frührenaissance und mithin auf die Gedanken Petrarcas und Albertis, auf die Malerei Giottos und Masaccios und auf die Architektur und Perspektive Brunelleschis keinen Einfluß gehabt haben. Gleichzeitig läßt sich nicht bestreiten, daß die sogenannte »Ausbreitung« der Renaissance durch die neue Technik erheblich erleichtert wurde. Was die neuen architektonischen Formen

MANUTIUS
Seite aus Colonna, *Poliphili*
gedruckt in Venedig, 1499

MORONI
Der Lehrmeister Tizians, um 1575
Washington, Gallery of Art

anbelangt, haben wir die Bedeutung von gedruckten Abhandlungen (Vitruvs, Serlios, Palladios und anderer) bereits hervorgehoben. Auch der Erfolg von Petrarcas Liebeslyrik in den adligen Kreisen des sechzehnten Jahrhunderts wäre (zumindest in diesem Ausmaß) undenkbar, hätte es nicht die eleganten kleinen Bändchen gegeben, die man auf vielen zeitgenössischen Porträts in den Händen der jungen Herren und Damen erspäht [47]. Und nicht zuletzt hätte auch die Wiederbelebung der Antike ungleich bescheidener ausfallen müssen, wären da nicht die zahlreichen Neuausgaben klassischer Autoren gewesen.

Eine entscheidende Rolle bei der Wiederbelebung der Klassiker kam einer Gruppe von gelehrten Buchdruckern vor allem in Italien, Frankreich, den Niederlanden und der Schweiz zu, die als Vermittler zwischen den humanistischen Gelehrten und der gebildeten Öffentlichkeit fungierten. Das hohe Ansehen, das Erasmus noch zu Lebzeiten genoß, wäre ohne die Existenz des Buchdrucks und die

Unterstützung von befreundeten Druckern wie dem Venezianer Aldus Manutius oder den Baslern Amerbach und Froben schlechterdings undenkbar. Aldus hatte zum Beispiel selbst in Ferrara humanistische Wissenschaften studiert, und seine eleganten Ausgaben klassischer griechischer Texte legen beredtes Zeugnis ab von seiner ganz persönlichen Begeisterung für die Antike.

Aber so wichtig der Buchdruck für die Ausbreitung der Renaissance gewesen ist, seine Rolle erschöpfte sich nicht in der Funktion des Vermittlers. Man kann sich nur schwer vorstellen, wie die (eingangs erörterte) Textkritik sich ohne ein solches Mittel zur Fixierung und Verbreitung von Texten und Korrekturen hätte entwickeln sollen. Und wenn die karolingische Renaissance oder die Renaissance des zwölften Jahrhunderts sich im Vergleich zu »der« Renaissance um so viel schneller verbrauchten, muß nicht, wie von einigen Historikern [89] behauptet, der ungewöhnliche Erfolg der letzteren weitgehend auf das Medium des Buchdrucks zurückgeführt werden? An dieser Stelle drängt sich eine Parallele zu den häretischen Bewegungen auf. Auch die Reformation verbuchte einen Erfolg, wo mittelalterliche Häresien noch gescheitert waren, weil sie über ein Mittel zur massenhaften Verbreitung neuer Ideen verfügte.

Natürlich breitete sich die Reformation nicht nur durch das gedruckte, sondern auch durch das gesprochene Wort aus, und dasselbe gilt für die Renaissance. Die Existenz kleiner, aber einflußreicher Gesprächskreise wie der Platonischen Akademie zu Florenz oder der Palastakademie Henris III. von Frankreich weisen auf die Bedeutung des mündlichen Austauschs unter den Gebildeten hin. Der Dialog, der zu den wichtigsten literarischen Ausdrucksformen der Epoche gehörte (man denke nur an die *Vertrauten Gespräche* des Erasmus oder an Mores *Utopia*), folgte oft dem Gang tatsächlich geführter Diskussionen und vereinigte stilistisch literarische Elemente mit solchen des mündlichen Gesprächs (und nur schwer läßt sich entscheiden, ob sich die gesprochene der geschriebenen oder die geschriebene der gesprochenen Sprache anglich). Nicht zuletzt wird in manchem literarischen Meisterwerk der Renaissance auf die Traditionen der Volkskultur zurückgegriffen, die ihrem Wesen nach eine mündliche Kultur war.

CRUIKSHANK
Falstaff spielt den König
Radierung um 1865

Erasmus' *Lob der Torheit* beispielsweise wurde nicht nur von Paulus und der klassischen Satire inspiriert, sondern verarbeitet daneben die volkstümliche Tradition der Narrenfeste. Von den Charakteren des *Don Quixote* entstammt insbesondere Sancho Panza der komischen Volkskultur. »Panza« bedeutet so viel wie »Wanst«, und Sanchos Rundleibigkeit erinnert an die Figur des Karneval, während sein hagerer Herr dem Fasten nachempfunden sein dürfte. Eine weitere, von Kopf bis Fuß (oder vielmehr, da er seine Zehen nicht sehen kann, von Kopf bis Bauch) karnevaleske Figur hat Shakespeare in Falstaff geschaffen, und entsprechend ist die Zurückweisung Falstaffs durch Prinz Harry mit der »Verurteilung des Karneval« verglichen worden, mit der die Faschingszeit häufig endete. Ganz unzweifelhaft karnevaleske Züge trägt auch *Gargantua und Pantagruel* von Rabelais: Die beiden Riesen und der Taschenspieler Panurge, die Betonung des Festefeierns, Saufens und Scheißens, die Komik der Gewalt sowie der Gebrauch der hyperbolischen Sprache der Scharlatane können als Anleihen bei der Volkskultur gelten [74]. Damit soll nicht gesagt sein, daß Rabelais ein volkstümlicher Schriftsteller gewesen sei; er war vielmehr ein hochgebildeter, in der griechischen und lateinischen Literatur wohlbelesener Arzt, und sein Buch steckt voller Anspielungen, die den Handwerkern von Lyon (wo es zum ersten Mal erschien) oder den örtlichen Bauern vollkommen unverständlich sein mußten. Rabelais benutzt die Volkskultur für seine eigenen Zwecke, so etwa um die traditionelle Bildungskultur engstirniger Theologen an der Sorbonne zu verspotten. Der Rückgriff auf volkstümliche Formen zu subversiven Zwecken war insbesondere in der späteren Renaissancezeit sehr beliebt, in jener Auflösungszeit also, mit der wir uns im folgenden Kapitel beschäftigen wollen.

CELLINI
Perseus mit dem Haupt der Medusa, 1554
Florenz, Loggia dei Lanzi

Die Auflösung der Renaissance

Wenn es schwierig ist, den Beginn der Renaissance festzulegen, so
ist es vollkommen unmöglich, ihr Ende zu bestimmen. Manche
Historiker schlagen die Zeit um 1520 vor, andere die um 1600,
1620, 1630 oder noch später. Es ist stets problematisch, das Ende
einer geschichtlichen Bewegung zu datieren, aber wenn so viele
verschiedene Regionen und Künste daran beteiligt sind wie in diesem Fall, scheint die Aufgabe schier aussichtslos. Das Wort »Ende«
legt einen viel zu klaren und endgültigen Abschluß nahe. »Auflösung« scheint mir in diesem Zusammenhang ein treffender Begriff.
Denn was als eine Bewegung einzelner Leute mit klaren Zielen
begann, ging im Laufe seiner Ausbreitung allmählich der inneren
Einheit verlustig, so daß es gegen Ende immer schwerer fällt zu
entscheiden, wer oder was dazugehörte und wer oder was nicht.

Nach 1520 wurde die Hochrenaissance in den bildenden Künsten
Italiens von einer in der neueren Kunstgeschichte als »Manierismus« bezeichneten Periode abgelöst. Es handelte sich weniger um
eine organisierte Bewegung als um eine Tendenz, dem Stil oder der
»Manier« – der Neuheit, Subtilität, Raffinesse, Eleganz und dem
Witz – in der Kunst ein größeres Gewicht beizumessen [57]. Zu
jener Zeit wurden in Florenz die Arbeiten an Michelangelos
Medici-Kapelle begonnen. Michelangelos Schüler, Vasari, empfand
das Gebäude als »höchst neuartig«, weil der Künstler sich »sehr
weit von jener Bauweise entfernte, die durch Proportion, Ordnung
und Regel beherrscht wird und deren sich andere Künstler dem allgemeinen Brauch gemäß in der Nachfolge Vitruvs und antiker
Werke bedienen«. Michelangelo setzte sich über die antiken Ordnungen hinweg und verwandte eigene Formen. Gegen Ende desselben Jahrzehnts brach auch Giulio Romano in seinem Palazzo Te in
Mantua mit den gebräuchlichen Regeln, und seine bewußt regel-
widrigen Kombinationen klassischer Elemente erwecken beinahe

ROMANO
Palazzo Te, 1525/1535
Mantua

den Anschein, als wolle er den Betrachter auf spielerische Art schockieren. In gewissem Sinn kann man diese Werke als »antiklassisch« bezeichnen, obwohl es auch für diese Art des Anti-Klassizismus in der Spätantike Präzedenzfälle gab [22, Kap. 7, 9].

In der Malerei und Plastik kann die Grenze zum »Manierismus« nicht so leicht gezogen werden. In den Gemälden Rossos, Pontormos und Parmigianinos, die zwischen 1520 und 1540 entstanden, läßt sich eine Abweichung von den Regeln der Proportion und der Perspektive erkennen, die mit einer stilisierten, aber eher kühlen Eleganz einhergeht, wie man sie auch von den Porträts des Pontormo-Schülers Bronzino her kennt. Eine vergleichbare Zurückweisung der Konventionen, diesmal zugunsten einer gesteigerten Expressivität, findet sich in Michelangelos *Jüngstem Gericht* (1536–1541) in der Sixtinischen Kapelle. Der Künstler selbst soll dazu bemerkt haben, daß »ohne das Auge« alle perspektivischen Regeln und Proportionen nichts nutzen, ein Gedanke, der in späteren Jahren des Jahrhunderts von Giovan Paolo Lomazzo zu einer ganzen Theorie ausgeweitet wurde. Im Bereich der Plastik sind die langgestreckten Figuren in elegant gedrehter Pose (»schlangengleich«, wie Michelangelo sie nannte: *figura serpentinata*) eines der

MICHELANGELO
Emporschwebende Selige
aus dem *Jüngsten Gericht*, 1536/41
Rom, Sixtinische Kapelle

PARMIGIANINO
Madonna mit dem langen Hals, um 1535
Florenz, Uffizien

PONTORMO
*Cosimo d. Ä. de Medici blickt auf Lorbeerzweige
und sinnt über die Vergänglichkeit des Ruhmes nach*, um 1540
Florenz, Uffizien

Im Garten von
Bomarzo

Hauptmerkmale des Manierismus; Cellinis Bronzestatue des Perseus und sein für François I. angefertigtes Salzfaß (beide Arbeiten entstanden nach 1540) sowie Bartolomeo Ammanatis *Neptunbrunnen* auf der Piazza della Signoria in Florenz sind Beispiele für diese manieristische Plastik [19, Kap. 10–11]. Die spielerische Seite des Manierismus zeigt sich sehr anschaulich an kunstvollen Gärten und Grotten (von denen sich der Ausdruck »grotesk« herleitet), wie zum Beispiel den Boboli-Gärten zu Florenz oder dem Park von Bomarzo, einem für die römischen Adligen Vicino Orsini entworfenen Disneyland des sechzehnten Jahrhunderts mitsamt steinernen Monstern, schiefem Turm und Höllenschlund (in dessen Innern man auf einen marmornen Picknicktisch stößt).

TINTORETTO
Das Wunder des hl. Markus, 1548
Venedig, Akademie

Mit der Ausnahme Parmigianinos stammen alle genannten Beispiele aus der Toskana oder der Umgebung Roms. In Venedig dagegen blieben Tizian und seine Nachfolger auch nach 1520 dem Stil der Hochrenaissance treu. In Tintorettos dramatischem Gemälde *Das Wunder des heiligen Markus* aus dem Jahre 1548 erkennt man den stilistischen Einfluß Michelangelos, aber Andrea Palladio entwarf noch zwischen 1550 und 1570 seine Villen nach klassischen Regeln, und auch Veronese malte bis zu seinem Tode 1588 weiterhin im Stil der Hochrenaissance.

In der Literatur erscheint die Entscheidung, was zum Manierismus gehört und was nicht, noch schwieriger und fruchtloser als in den anderen Künsten. Man neigt dazu, Michelangelos Gedichte, Vasaris *Leben* und Cellinis Autobiographie als Beispiele eines literarischen Manierismus zu betrachten, einfach weil man die anderen

Arbeiten dieser Künstler kennt. Die Schäferspiele Tassos und Guarinis werden in diesem Zusammenhang ebenfalls genannt. Diese Stücke sind ohne Zweifel sehr stilisiert und bewußt gestaltet, aber gleichzeitig treffen diese Merkmale auch auf zahlreiche frühere Werke der Renaissanceliteratur zu. Guarini wurde seinerzeit vorgeworfen, daß er zwei verschiedene Gattungen, Tragödie und Pastorale, zu kombinieren versuchte, aber von den anderen Autoren übertrat keiner die überkommenen Regeln, wie es Giulio Romano in der Baukunst oder Pontormo in der Malerei getan hatten. Man kann also in der Literatur nicht eigentlich von Anti-Klassizismus sprechen. In der Musik ergeben sich ähnliche Probleme. Die Madrigale des sizilianischen Fürsten Carlo Gesualdo aus dem späten sechzehnten Jahrhundert werden oft als »manieristisch« bezeichnet, aber wie wir gesehen haben, entwickelte sich die Musik nicht im Gleichklang mit den anderen Künsten.

Außerhalb Italiens läßt sich noch schwerer zwischen Renaissance und Manierismus unterscheiden. Die Hauptschwierigkeit rührt daher, daß in Italien die Jahre nach 1520 bereits für die Spätzeit der Renaissance stehen, während sie in Frankreich, Spanien, England und in Mittel- und Osteuropa noch in die Anfangsgründe dieser Bewegung fallen. Ein regelwidriges Gebäude wie der um 1550 gebaute, nach seinem Auftraggeber Ottheinrichsbau genannte Teil des Heidelberger Schlosses dürfte eher das Ergebnis von Unkenntnis als von Raffinesse gewesen sein. Es gibt einige Gründe, die für einen relativ frühen Beginn des Manierismus in den Niederlanden sprechen, aber die bekanntesten und unstrittigsten Beispiele für manieristische Werke außerhalb Italiens stammen aus den Jahren nach 1580, als El Greco für Philip II. von Spanien zu arbeiten begann (der freilich Tizian bevorzugte) und Bartholomäus Spranger in die Dienste Kaiser Rudolfs II. trat [59]. Außerhalb Italiens nach literarischen Formen des Manierismus suchen zu wollen, erscheint als ziemlich sinnlos, es sei denn, um die Fragwürdigkeit der Periodisierung selbst zu enthüllen. Manche Literaturwissenschaftler sehen in John Lylys *Euphues* (1579) ein typisches Beispiel manieri-

EL GRECO
Auferstehung Christi, 1584/94
Madrid, Prado

stischer Literatur; die Erzählung ist in einem so ausgesucht idio-synkratischen Stil gehalten, daß man den Ausdruck »Euphuis-mus« dafür prägt. Andere würden eher die Lyrik und Prosa eines John Donne als manieristisch gelten lassen wollen, deren Stil sich allerdings scharf gegen Lylys Euphuismus abgrenzt.

Auch Montaignes Essays werden manchmal als »Renais-sancewerke« gehandelt, manchmal als Ausdruck einer »Gegen-renaissance« und manchmal als manieristische oder gar »barocke« Literatur. Es scheint daher sinnvoll, sich damit zu bescheiden, in Montaigne einen typischen Autor der Spätrenaissance zu sehen, des-sen Werk zwar die Existenz der Renaissance voraussetzt, aber nicht mehr alle Wertvorstellungen der vorangegangenen Phasen dieser Bewegung teilt. Sein lockerer Stil ist beispielsweise durchaus nicht so kunstlos, wie es den Anschein erweckt, und bricht auch nicht vollständig mit der klassischen Tradition, sondern steht vielmehr für eine in jener Zeit nicht untypischen Abwendung von den gesetzten Satzperioden Ciceros zugunsten eines weniger formalen Stils, wie man ihn bei Seneca findet. Der vermeintlich einfache Stil eignete sich vortrefflich für einen Autor, der angesichts der Anmaßungen von Königen und Gelehrten und ihrer hochtrabenden Reden über die Würde des Menschen und die Macht der Vernunft eine distanzierte, skeptische Haltung zu bewahren wünschte [70].

Obwohl wir den Begriff »Manierismus« für tauglich halten oder den neutraleren Ausdruck »Spätrenaissance« bevorzugen, die Veränderungen, die damit bezeichnet werden sollen, bedürfen einer Erklärung. Es gibt für diesen Wandel zwei gängige, gegen-läufige Erklärungen (die sich freilich nicht auszuschließen brau-chen).

Einmal gibt es, was man als »endogene« Erklärungen bezeich-nen könnte, also Darstellungen der inneren Entwicklungsge-schichte oder der inneren »Logik« der einzelnen Gattungen. Wenn man sich die Geschichte der Renaissancemalerei wie Vasari als Fortschritt in Richtung einer immer perfekteren Nachahmung der Natur denkt, stellt sich unvermeidlich die Frage, was denn auf den mit Leonardo, Raphael und dem frühen Michelangelo erreichten Höhepunkt überhaupt noch folgen konnte. Wenn man sich die Geschichte der Renaissancearchitektur als immer vollkommenere

BRONZINO
Eleonora von Toledo und Don Garcia, um 1539
Florenz, Uffizien

Imitation antiker Proportionen vorstellt, steht man mit Abschluß der Hochrenaissance vor einem ähnlichen Problem. In welche Richtung konnte es weitergehen? In der Spätphase künstlerischer oder literarischer Traditionen wird häufig ein Bedürfnis nach Abgrenzung von diesen Traditionen spürbar, die allmählich erschöpft scheinen. In einer solchen Spätphase werden der maßgeblichen Öffentlichkeit – den Betrachtern, Lesern, Zuhörern – in zunehmendem Maß die Konventionen bewußt, die bislang wie selbstverständlich vorausgesetzt wurden, und man beginnt die Anspielungen und die Ironie von Künstlern zu schätzen, die bewußt gegen diese Konventionen verstoßen und die die überkommenen Regeln unterlaufen oder mit ihnen spielen.

Zweitens gibt es »exogene« Erklärungen, die den kulturellen Wandel als Reaktion auf gesellschaftliche Veränderungen deuten. Entsprechend wird der Manierismus als Antwort auf eine gesellschaftliche »Krise« begriffen, bei der, je nachdem, entweder das religiöse, das politische oder das soziale Moment in den Vordergrund gerückt wird. 1520 brach Luther mit der römischen Kirche, und 1527 marschierten die Truppen Karls V. in Rom ein [58]. Dies waren für viele Italiener traumatische Erfahrungen, wenngleich nicht unbedingt traumatischer als Savonarolas Forderung nach einer Kirchenreform oder die französische Invasion 1494. Wir wissen von Michelangelo, daß er die Religion sehr ernst nahm und daß ihn die Ungewißheit seiner Erlösung über Jahre hinweg quälte. Es scheint daher einleuchtend, eine Verbindung zwischen seinen religiösen Gemälden und seinen religiösen Überzeugungen herzustellen; seine architektonischen Neuerungen auf dieselbe Weise zu erklären, dürfte dagegen eher schwer fallen [69]. Cellinis Autobiographie wiederum erweckt nicht gerade den Eindruck, als wäre ihr Protagonist einer religiösen Krise anheimgefallen oder als hätte die Eroberung Roms ihn bis ins Mark erschüttert; er scheint darin viel eher ein spannendes Abenteuer erblickt zu haben. Die steife Eleganz der von Bronzino porträtierten Männer und Frauen wird gelegentlich als Symptom für eine »Entfremdung« (sei es des Künstlers oder des Modells) gedeutet, aber vielleicht handelt es sich auch nur um den Versuch, die spanische Art aristokratischer Unnahbarkeit zum Ausdruck zu bringen, die sich damals wachsender Beliebtheit erfreute. Allgemein gesprochen: Wir wissen so wenig über das Innenleben der Künstler jener Epoche, daß es ratsam scheint, sich solcher Rückschlüsse weitgehend zu enthalten.

War der Manierismus eine Reaktion auf eine soziale Krise? Soziale Krisen sind notorisch schwer zu definieren und erst recht zu datieren, aber es gibt in der Tat einige Anzeichen für einen Wandel in der sozialen und politischen Struktur jener Zeit. Im Italien des sechzehnten Jahrhunderts zeichnet sich eine allmähliche Verschiebung des Wohlstands und der Macht von den Kaufleuten auf die landbesitzenden Klassen ab, die von Marxisten als »Refeudalisierung« beschrieben wird. Die unabhängigen Stadtstaaten und ihre handelstüchtigen Patrizier, die die besondere Stellung Italiens in Europa begründet hatten, wurden – mit der Ausnahme Venedigs und Genuas – durch Fürstenhöfe und Aristokratien abgelöst. Elegant, raffiniert, verspielt und andeutungsreich: Der Manierismus war unzweifelhaft ein aristokratischer Stil.

Der Manierismus wird manchmal als eine »Anti-Renaissance« oder »Gegen-Renaissance« dargestellt, wäre jedoch besser als eine ihrer späten Phasen beschrieben, da sein Bruch mit den klassischen Regeln nicht wirklich ernst gemeint war und jedenfalls eine intime Kenntnis eben der Regeln voraussetzte, die verletzt werden sollten. Wenn wir die Humanisten der Spätzeit genauer betrachten, wird deutlich, daß es ihnen nicht um einen Bruch mit der Renaissance als solcher ging, sondern um die Verfeinerung einzelner Aspekte auf Kosten anderer. Politische Schriftsteller wie Giovanni Botero, durch dessen *Della ragione di stato* (1589) der Begriff der Staatsräson in Mode kam, schrieben weiterhin Kommentare zur römischen Geschichte, interessierten sich jedoch stärker für Tacitus und das späte Reich als für Livius und die frühe Republik. Im sechzehnten Jahrhundert breitete sich von Paris bis Prag in den höfischen Kreisen Europas ein gemeinhin als »Neoplatonismus« bezeichneter Kult um Platon aus, mag sein, weil eine Betonung des kontemplativen an Stelle des aktiven Lebens besser zu den Untertanen eines Monarchen paßte (als zu den Bürgern einer Republik). Die neoplatonische Bewegung griff nicht nur auf die platonischen Dialoge zurück, sondern befaßte sich auch mit Platons spätantiken Nachfolgern wie Plotin und Jamblichus, die sich verstärkt dem Mystizismus und der

Magie zugewandt hatten. Das Interesse für »okkulte Philosophie« (wir würden sagen »Magie«) und für »Naturphilosophie« (nach heutigem Verständnis »Naturwissenschaft«) nahm zu, vielleicht weil diese Wissenschaften – zwischen denen keine klare Grenze gezogen wurde – inmitten der Fährnisse der Menschenwelt einen ruhigen Fluchtpunkt boten. Der polnische Domherr Nikolaus Kopernikus, der Deutsche Heinrich Cornelius Agrippa, der Engländer John Dee und der Italiener Giordano Bruno (der 1600 in Rom als Häretiker verbrannt wurde) gehören zu den bekanntesten Zeitgenossen, die diesen Weg beschritten [31, 55, 56].

Eine weitere Reaktion auf die Krise stellte die Wiederbelebung des Stoizismus dar, die wir bereits im dritten Kapitel erörtert haben. Der Kult des Stoischen scheint in der zweiten Hälfte des sechzehnten Jahrhunderts seinen Höhepunkt erreicht zu haben, als die Bürgerkriege in Frankreich und in den Niederlanden die von Seneca und anderen Stoikern empfohlene geistige Gelassenheit zu einer ebenso notwendigen wie schwer erreichbaren Tugend machten. Andere, wie zum Beispiel Montaigne, wandten sich enttäuscht vom Stoizismus ab und verschrieben sich dem klassischen Skeptizismus, demzufolge der Weise sich in einer ungewissen Welt am besten seines Urteils enthielt.

Das späte sechzehnte Jahrhundert ist verschiedentlich auch ein »Zeitalter der Kritik« genannt worden. Der Ausdruck »Kritiker« kam damals in Gebrauch und war anfangs den gelehrten Herausgebern klassischer Texte vorbehalten, die mit immer raffinierteren Methoden zur Entdeckung von Abschreibefehlern aufwarteten (Lipsius' Ausgaben seiner Lieblingsklassiker Tacitus und Seneca sind herausragende Beispiele dieser Art von »Textkritik«). Mit der Zeit dehnte sich der Begriff so weit aus, daß auch Literatur- und Kunstkritiker darunter fielen. Zu den berühmtesten Kunstkritiken jener Zeit gehört Vasaris Buch über die *Leben der ausgezeichnetsten Maler, Bildhauer und Baumeister*, in dem die wechselseitigen Vorzüge von Malerei und Plastik, Gemälde und Zeichnung oder auch von Meistern wie Tizian und Michelangelo kontrovers diskutiert werden. Es wurden Traktate pro und contra Dante verfaßt und Abhandlungen über die richtigen Konstruktionsregeln von Epen und Tragödien geschrieben.

Für alle diese Tendenzen, vom Platonismus bis zur Literatur-
kritik, finden sich im Italien des fünfzehnten Jahrhunderts bereits
Parallelen; trotzdem bleibt eine Akzentverschiebung erkennbar,
die der Spätrenaissance, gleichgültig ob man sie nun als »Zeitalter
des Manierismus« oder als »Herbst« der Renaissance bezeichnet,
ihr eigenes Profil verleiht. Mir persönlich widerstrebt es, diese Zeit
als eine des »Niedergangs« zu beschreiben – die Leistungen eines
Michelangelo, Tasso, Montaigne, Shakespeare oder Cervantes
scheinen mir einer solchen Geringschätzung zu spotten – und ich
ziehe daher, wie gesagt, den Ausdruck »Auflösung« vor. Das
»Ende« der Renaissance war ein Auflösungsprozeß, der sich über
einen langen Zeitraum hinweg erstreckte.

Bestimmte Elemente der Renaissance – Einstellungen, Formen,
Themen und so weiter – lebten noch lange Zeit in der europäischen
Kultur fort. Während der Regierungszeit Papst Urbans VIII.
(1623–44) fand beispielsweise eine »zweite römische Renaissance«
statt, die sich am Zeitalter Leos X. – dem Zeitalter Bembos und
Raphaels orientierte. In Frankreich traten damals Leute wie François de Sales hervor, die man zu Recht als »fromme Humanisten«
charakterisiert hat, und ein gewisser Nicolas Faret veröffentlichte
1630 ein sehr erfolgreiches Traktat über »die Kunst, bei Hofe zu
gefallen«, das im wesentlichen neu übersetzte Auszüge aus Castigliones *Hofmann* versammelte. Was England anbelangt, haben wir
gute Gründe, Robert Burton und Sir Thomas Browne als Humanisten im Sinne der Renaissance anzusehen. Burtons *Anatomie der Me-
lancholie* von 1624 beginnt mit einer Bemerkung über den »Menschen, das ausgezeichnetste und edelste Geschöpf der Welt« und
zitiert endlos aus früheren Renaissancetexten des Philosophen
Ficino und anderer sowie aus den Schriften Ciceros und Senecas.
Auch bei Brownes *Religio Medici* (1635 geschrieben, aber erst 1642
erschienen) handelt es sich um eine Meditation über »die Würde der
Menschheit«, wie man sie aus klassischen Texten kennt.

Wenn wir Burton und Browne erwähnen, dürfen wir Sir William Temple nicht vergessen, der in einem nach 1690 geschriebenen
Essay die klassische Bildung und Literatur gegen die »Modernen«
verteidigte. Und wenn wir Temple zu den Autoren der Renaissance
rechnen, ließe sich das auch für Jonathan Swift (der zeitweilig

Temples Sekretär war) und für Samuel Johnson, für Alexander Pope, Edmund Burke und Edward Gibbon behaupten, die sämtlich als Exponenten eines augusteischen »Humanismus« beschrieben worden sind [61]. Nicht zuletzt verdankt das »Augusteische« Zeitalter der englischen Kultur (das achtzehnte Jahrhundert) seinen Namen der Identifikation dieser Schriftsteller mit der römischen Kultur zur Zeit des Augustus. Johnsons Gedicht über London ist einer Satire des römischen Autors Juvenal nachgebildet, und Gibbons während der Amerikanischen Revolution geschriebenes Monumentalwerk über den *Verfall und Untergang des Römischen Reiches* zieht implizite Parallelen zwischen dem Niedergang des Römischen und Britischen Weltreichs. Die Thematisierung von Freiheit und Sittenverfall, die im politischen Denken des achtzehnten Jahrhunderts eine bedeutende Stelle einnehmen, spiegelt sowohl das Erbe des antiken Griechenlands und Roms – das auf dem Umweg über das Florenz und Venedig der Renaissance nach England gelangte – als auch die Bedürfnisse der zunehmend kommerzialisierten englischen Gesellschaft wider [62].

Auch die Künstler blieben vielen Wertvorstellungen der italienischen Renaissance treu. Sowohl Joshua Reynolds wie George Romney reisten nach Italien, um klassische Skulpturen und Renaissancegemälde (namentlich die Werke Raphaels und Tizians) zu studieren. Der Stil englischer Häuser des achtzehnten Jahrhunderts nennt sich *Palladian*, weil sie häufig auf Villenplänen Andrea Palladios aus dem sechzehnten Jahrhundert basieren.

Eine ähnliche Begeisterung für die Antike entbrannte im Frankreich Ludwigs des XIV. (der selbst nicht selten mit Augustus verglichen wurde) sowie während der Französischen Revolution, die sich am Vorbild der Römischen Republik orientierte. Im beginnenden neunzehnten Jahrhundert schließlich brachten die Verfechter klassischer Bildungstradition ihre Identifikation mit der Renaissance durch die Neuschöpfung des Begriffs »Humanismus« zum Ausdruck [5].

Diese Parallelen zum fünfzehnten und sechzehnten Jahrhundert sind gewiß bemerkenswert, und leicht ließen sich weitere hinzufügen. Allein, die Begeisterung für die Antike und für die italienische Renaissance wechselte als Folge anderer kultureller und gesell-

BERNINI
Ludwig XIV., Büste,
Versailles

schaftlicher Veränderungen im Laufe der Zeit ihre Zielrichtung. Zu den wichtigsten dieser Veränderungen gehörte eine Bewegung, die von Historikern häufig als die »Wissenschaftliche Revolution« des siebzehnten Jahrhunderts bezeichnet wird und die mit dem Werk Galileis, Descartes', Newtons und vieler anderer verknüpft ist. Es ging dabei um nicht weniger als um ein neues Bild vom Universum, in dem die Erde nicht mehr im Mittelpunkt stand, der gestirnte Himmel nicht länger unvergänglich war und die kosmischen Ereignisse durch die Gesetze der Mechanik erklärt werden konnten. Bei der Untersuchung der Natur berief man sich auf die systematische Beobachtung und das Experiment statt auf das Studium maßgeblicher Texte. Die klassischen und Renaissanceauffassungen vom Universum wurden verabschiedet. Die neuen Entdeckungen zeigten, zumindest in einigen Bereichen, überzeugend die Überlegenheit der »Modernen« gegenüber den »Alten«. Die Ausbreitung dieser neuen Weltanschauung schnitt die Gebildeten von der Vergangenheit ab. Aus diesen Gründen datieren die meisten Historiker die Auflösung der Renaissance auf die 20er und 30er Jahre des 17. Jahrhunderts, das Zeitalter Galileis und Descartes'. Und aus den nämlichen Gründen halten wir heute Jacob Burckhardts These von der Renaissance als dem Anbruch der »Moderne« für unannehmbar [1].

TIZIAN
Selbstbildnis, 1555
Florenz, Uffizien

Schluß

Ich habe die Renaissance in diesem Essay enger definiert, als Burckhardt sie verstand. Sie wurde, um Gombrichs nützliche Unterscheidung aufzunehmen, eher als »Bewegung« denn als »Epoche« betrachtet [11]. Aber selbst als Bewegung wurde sie relativ eng gefaßt und (mit Ausnahme der Malerei) hauptsächlich als der Versuch einer Wiederbelebung der Antike beschrieben – im Gegensatz etwa zu den anderen kulturellen Veränderungen, die bei Burckhardt und vielen weiteren Historikern betont werden. Diese Einschränkung ist willkürlich. Sie wurde einesteils notwendig, weil ein kurzer Essay, der sich mit so vielen Wissensbereichen und Künsten in so vielen europäischen Ländern zu beschäftigen hat, ohne einen solchen Schwerpunkt unerträglich vage ausgefallen wäre. Ausschlaggebend für diese Beschränkung war jedoch die Tatsache, daß beinahe alle anderen Merkmale, mit denen die Renaissance gemeinhin charakterisiert und gegen das Mittelalter abgegrenzt wird, schon im Mittelalter selbst vorgefunden werden können. So praktisch die einfache, binäre Gegenüberstellung von Mittelalter und Renaissance für Darstellungszwecke sein mag, so sehr hat sie sich in vieler Hinsicht als grob irreführend erwiesen.

Nehmen wir zum Beispiel Burckhardts berühmte »Entwicklung des Individuums« (eine Vorstellung, an der er selbst seine Zweifel hegte). Es bleibt relativ unklar, was man darunter zu verstehen hat.

Einmal wird damit ein neues Selbstbewußtsein angesprochen, ein Sinn für »den modernen Ruhm«, wie Burckhardt es nannte. Nun mag zwar das Konkurrenzdenken im Florenz der Renaissance in der Tat sehr ausgeprägt gewesen sein – messen läßt es sich nicht –, doch hatte es schon den mittelalterlichen Rittern nicht an Ehrsucht gefehlt. Auch in ihrem Fall war, wie Huizinga bemerkte, der Ruhm der entscheidende Ansporn zu ihren Taten [76].

DÜRER
Selbstbildnis, 1498
Madrid, Prado

Eine andere Deutung des vermeintlichen »Individualismus« der Renaissance begreift darunter das Bewußtsein für die Individualität des einzelnen Menschen. Burckhardt verwies in seinem Kapitel über »Die Entdeckung der Welt und des Menschen« einerseits auf das Aufkommen von Biographien und Autobiographien während der italienischen Renaissance, von den Lebenserinnerungen Papst Pius' II. bis hin zur Autobiographie Benvenuto Cellinis, andererseits auf die wachsende Anzahl von Porträts und Selbstporträts (man denke an Tizian oder Dürer). Allein, Autobiographien gab es – wenngleich seltener – bereits im Mittelalter, und so hat man aus diesem und anderen Gründen die »Entdeckung des Individuums« auf das zwölfte Jahrhundert vorverlegen müssen [77].

Als weiteres Charakteristikum der Renaissance wird häufig die Rationalität genannt: Das Lob der Vernunft aus der Feder führender Humanisten; die rationale Ordnung des Raums durch die Entdeckung der Perspektive; »der Geist des Rechnens«, den Burckhardt an den Statistiken veranschaulichte, die die Republik Venedig im fünfzehnten Jahrhundert sammelte. Aber auch in diesem Punkt erscheint uns heute die Trennung zwischen Mittelalter und Renaissance künstlich. Wie Individualität ist Rationalität ein recht dehnbarer Begriff, und das Interesse an genauen Zählungen und Schätzungen läßt sich in Westeuropa bis mindestens ins zwölfte Jahrhundert zurückverfolgen [79]. Der Umgang mit Zahlen wurde durch die Verbreitung zweier verschiedener Zählgeräte begünstigt, des Abakus (der seit dem elften Jahrhundert in Gebrauch war) und der mechanischen Uhr (seit dem vierzehnten Jahrhundert). Die Kunst des Zählens und Rechnens war folglich keine Errungenschaft des Zeitalters Brunis und Brunelleschis. Ja, gleichgültig ob man den Umbruch zwischen Mittelalter und Renaissance in der Zeit um 1500, 1400 oder 1300 ansiedelt, ein Wandel in der Psychologie oder Mentalität läßt sich noch nicht einmal für eine kleine gebildete Minderheit nachweisen. An diesem Punkt nun empfiehlt es sich innezuhalten und noch einmal Bestand aufzunehmen: Wenn es aussieht, als stünde die Renaissance in Gefahr, sich vollends zu verflüchtigen, so gibt es dafür zweierlei Gründe.

Erstens war die Renaissance von Burckhardt als der Anbruch der Moderne definiert worden, eine These, über die die Historiker im Laufe der Zeit immer weniger glücklich sind. Dies liegt teils daran, daß Burckhardt von einem einfachen evolutionistischen Modell des kulturellen Wandels ausgeht, das in dieser Form heute fast niemanden mehr überzeugt, teils an dem veränderten Selbstverständnis der westlichen Intellektuellen, die im Laufe der letzten Generation mehr oder weniger zähneknirschend zu der Überzeugung gelangt sind, daß sie in einer »postmodernen« Welt leben. Jedem, der diese Überzeugung teilt, muß die Renaissance zwangsläufig ferner liegen denn je zuvor [88].

Zweitens fällt es uns doch viel schwerer als noch zu Burckhardts Tagen, die Errungenschaften der Renaissance gegen die des Mittelalters auf der einen und des siebzehnten und achtzehnten Jahrhunderts auf der anderen Seite abzugrenzen, obwohl die Leistungen Petrarcas, Leonardos und der vielen anderen Künstler, Schriftsteller und Gelehrten uns nach wie vor Bewunderung abverlangen. Um ein besonders offenkundiges Beispiel zu wählen, die Beschäftigung europäischer Intellektueller mit Aristoteles währte von seiner Wiederentdeckung im dreizehnten Jahrhundert bis zu seiner Verabschiedung rund vierhundert Jahre danach, und die humanistischen Debatten um seine Philosophie lassen sich leichter verstehen, wenn man sie im Rahmen dieser gesamten Rezeptionsperiode betrachtet [87].

Was also bleibt uns? Es besteht in der Geschichtsforschung keine Einigkeit. Manche Historiker der immer noch »Renaissanceforschung« genannten Disziplin arbeiten weiter, als wäre nichts geschehen. Andere, auch der Autor dieses Essays, bemühen sich, die Ereignisse im Florenz des vierzehnten, im Italien des fünfzehnten und im Europa des sechzehnten Jahrhunderts in eine Sequenz von miteinander verknüpften Veränderungen zu stellen, die etwa vom Jahr 1000 bis zum Jahr 1800 reicht. Diese langfristigen Entwicklungen könnte man als »Verwestlichung des Abendlandes« bezeichnen. Gemeint ist, daß sich zumindest die oberen Klassen Europas im Laufe dieser Entwicklungen zunehmend von anderen Menschen zu unterscheiden begannen, wie an der Geschichte der sogenannten »Entdeckung« und Eroberung des restlichen Globus abzulesen ist. Manche dieser Entwicklungen waren technischer Natur: die Erfindung der Feuerwaffen, mechanischer Uhren, des Buchdrucks, neuer Typen von Segelschiffen und von Maschinen, die das Spinnen und Weben beschleunigten. Hier sollen jedoch vor allem die Veränderungen der Mentalität im Vordergrund stehen, und zwar insbesondere zwei.

Norbert Elias hat in seinem bedeutenden Werk über den »Prozeß der Zivilisation« dargelegt, daß dem sechzehnten Jahrhundert für die Herausbildung der Selbstbeherrschung im Abendland eine entscheidende Bedeutung zukommt, und belegt dies unter anderem anhand der von Erasmus und dem italienischen Erzbischof Giovanni Della Casa verfaßten Manierenbücher, die beide in eine Vielzahl von Sprachen übersetzt wurden [84]. Es besteht kein Zweifel, daß zivilisierte Tischmanieren (nicht auszuspucken, sich vorher die

Hände zu waschen und so fort) zu jener Zeit zumindest in bestimmten gesellschaftlichen Kreisen außerordentlich wichtig genommen wurden, aber nichtsdestoweniger scheint es (wie Elias zugibt) unmöglich, zwischen Renaissance und Mittelalter eine scharfe Trennlinie zu ziehen, denn mittelalterliche »Manierenbücher« gab es bereits im zehnten Jahrhundert [80].

Damit soll natürlich nicht behauptet werden, daß all die anderen Kulturen (das traditionelle Japan oder China zum Beispiel) keine Restriktionen hinsichtlich des Verhaltens bei Tisch und anderswo besessen oder entwickelt hätten. Die westliche, höfische Form der Zivilisation stellt nur eine Kombination von Konventionen unter vielen dar. Vielleicht wäre es daher präziser, von einem wachsenden Sinn für Privatheit zu sprechen oder von einer allmählichen Verschiebung der relativen Sphären des privaten und des öffentlichen Lebens. Die oberen Klassen begannen von eigenen Tellern zu essen statt von der gemeinsamen Platte, auf Stühlen statt auf Bänken zu sitzen und es für unziemlich zu halten, wenn man dem Gast eine Frucht anbot, »von der Sie selbst schon einen Bissen genommen haben« (um Della Casas Beispiel zu zitieren). Diese Veränderungen mögen durchaus etwas mit Burckhardts Vorstellung vom »Individualismus« gemein haben, doch erstreckten sie sich über einen viel längeren Zeitraum, als er vermutete. Sie mögen überdies mit anderen Formen der Repression zusammenhängen, namentlich mit der sexuellen Unterdrückung, die in jener Zeit zum typischen Merkmal abendländischer Kultur geworden zu sein scheint.

Eine zweite Forschungsrichtung beschäftigt sich mit den Veränderungen der Kommunikationsformen während des Mittelalters und der frühen Neuzeit und mit den Auswirkungen dieser Veränderungen auf die Mentalitäten. Die Geschichte der Rhetorik zeigt für diesen Zeitraum ein wachsendes Interesse an der Kunst der Überredung (in der öffentlichen Rede wie im privaten Brief). Seit der ersten Abhandlung aus der Feder des Benediktinermönchs Alberic von Monte Cassino gegen Ende des elften Jahrhunderts erschienen insbesondere in Italien regelmäßig neue Traktate zu diesem Thema [81]. Die Tatsache, daß den Philosophen das Verhältnis zwischen Sprache und Wirklichkeit in zunehmendem Maße bewußt und problematisch wurde, verleitet manche Historiker dazu, von einer »rhetorischen Revolution« oder gar von einer »Sprachrevolution« im Spätmittelalter zu sprechen. Die Rhetorik befaßt sich freilich sowohl mit Gestik wie mit Sprache, und die Beschäftigung mit dieser Disziplin scheint das soziale Rollenbewußtsein und das Interesse für Selbstdarstellung verstärkt zu haben, das in Castigliones *Hofmann* oder in den Biographien so unterschiedlicher Personen wie Thomas More und Walter Raleigh so augenfällig zu Tage tritt [52, 63].

Andere Historiker heben die fortschreitende Alphabetisierung hervor, die im Mittelalter aus kommerziellen wie administrativen Gründen notwendig wurde. Das Selbstbewußtsein, das Burckhardt so faszinierte, mag aus der neuen Gewohnheit einsamen Lesens und Schreibens erwachsen sein [82]. Ferner gibt es Kollegen, die der Herausbildung einer sogenannten »Druckkultur« ein besonderes Gewicht beimessen. Obschon es nicht einfach ist, zwischen dem Einfluß des Buchdrucks auf der einen und den Auswirkungen einer wachsenden Vertrautheit mit Schrift und Zahl auf der anderen Seite zu unterscheiden, darf man immerhin feststellen, daß die Erfindung des Buchdrucks vielen Leuten den Zugang zu Informationen eröffnete, die ihnen bislang verschlossen waren, und insofern zur geistigen Horizonterweiterung beitrug. Die größere Verbreitung maßgeblicher Schriften dürfte überdies eine kritische Einstellung gegenüber Autoritäten begünstigt haben, weil dadurch die Diskrepanzen zwischen den verschiedenen Autoren deutlicher sichtbar wurden [89].

Warum diese besonderen Veränderungen ausgerechnet in dieser geschichtlichen Epoche stattgefunden haben, ist – wie die meisten Grundfragen der Geschichtsschreibung – nur schwer zu erklären. Immerhin dürfen wir ein paar Hypothesen wagen. Das Interesse für die Rhetorik erwachte in den Stadtstaaten Norditaliens, weil die Beteiligung der Bürger an der Regierung dort den Einsatz der Überredungskunst notwendig machte. Der Aufstieg des internationalen Handels (bei dem Italien wiederum eine entscheidende Rolle spielte) begünstigte die Ausbreitung von Schrift und Zahl, weil Käufe und Verkäufe dokumentiert und über Ausgaben und Einnahmen Buch geführt werden mußte. Die Herausbildung zentralistischer Staaten machte ebenfalls den Gebrauch schriftlicher

Aufzeichnungen nötig und begünstigte damit die Alphabetisierung. Norbert Elias vermutet sogar, daß der Prozeß der Zivilisation selbst letztlich mit der politischen Zentralisierung zusammenhängt. Die Menschen wurden durch die Zentralgewalt zum friedlichen Zusammenleben gezwungen und übten allmählich auch in anderer Hinsicht stärkere Selbstbeschränkung. Die Disziplin der Heere und das Exerzieren wurden im Verlauf des sechzehnten Jahrhunderts immer wichtiger genommen, was diese Hypothese zu bestätigen scheint, und die bereits erwähnte Bewegung des Neostoizismus verweist auf den Zusammenhang zwischen dem Kult der Selbstbeherrschung und dem zunehmenden Interesse für bestimmte antike Autoren, namentlich Seneca [45]. Auch die Spätantike war eine zentralistische Welt gewesen, und viele der »neuen« Probleme, mit denen man sich zwischen dem elften und achtzehnten Jahrhundert konfrontiert sah, waren schon in der Antike virulent. So wurde die Debatte über zivilisiertes und höfisches Benehmen bereits in Ciceros Rom geführt (damals diskutierte man über *urbanitas* oder »Urbanität«).

Wie alle diese Beispiele belegen, beruhte die Anziehungskraft der Klassiker während der ganzen Periode und insbesondere während des fünfzehnten und sechzehnten Jahrhunderts auf ihrer praktischen Relevanz. Man bewunderte die Alten, weil sie bei der Lebensführung halfen. Den Alten zu folgen bedeutete, mit größerer Sicherheit in eine Richtung zu reisen, die man ohnehin bereits eingeschlagen hatte.

Auswahlbibliographie

Einführungen

[1] Jacob Burckhardt, *Die Kultur der Renaissance in Italien* (1860). Bleibt unverzichtbar, wenngleich Burckhardts Deutung in vielen Punkten fragwürdig geworden ist.

[2] Denys Hay, *The Italian Renaissance in its Historical Background*, 2. Auflage: Cambridge 1977. Ein ausgewogener Überblick.

[3] Ernst H. Gombrich, *The Story of Art*, 14. Auflage: London 1984 [dt.: *Die Geschichte der Kunst*, Stuttgart 1987] Kap. 12–18.
Durchgesehene, erweiterte, neu gestaltete 16. Auflage (durchgehend vierfarbig), Frankfurt/M. 1996

[4] Erwin Panofsky, *Renaissance and Renascenes in Western Art*, New York 1972 [dt.: *Die Renaissancen der europäischen Kunst*, aus dem Englischen von H. Günther, Frankfurt/M. 1979]. Ein luzider und gefälliger Essay, der die Renaissance in die Geschichte klassizistischer Wiederbelebung stellt.

[5] P. O. Kristeller, *Renaissance Thougt*, New York 1961. Eine klassische Darstellung.

[6] Peter Burke, *Culture and Society in Renaissance Italy*, 2. revid. Auflage, Princeton 1987 [dt., vom Autor revidiert: *Die Renaissance in Italien*, aus dem Englischen von R. Kaiser, Berlin 1984]. Ein Versuch, die Künste in ihren gesellschaftlichen Zusammenhang zu stellen.

[7] Lauro Martines, *Power and Imagination: City-States in Renaissance Italy*, New York 1979. Grobe, aber kraftvolle Darstellung, die insbesondere für die Kontinuitäten zwischen dem zwölften bzw. dreizehnten Jahrhundert und der Renaissance einiges hergibt.

[8] J. R. Hale (Hrsg.), *A Concise Encyclopaedia of the Italian Renaissance*, London 1981. Ein nützliches Nachschlagewerk.

Die Idee der Renaissance

[9] Johan Huizinga, *Das Problem der Renaissance* (1920), aus dem Niederländischen von W. Kaegi, 2. Auflage: Darmstadt 1967. Reflexionen des großen holländischen Historikers zum Thema.

[10] W. K. Ferguson, *The Renaissance in Historical Thought*, Cambridge / Mass. 1948. Behandelt das Renaissanceverständnis von den Humanisten bis in unser Jahrhundert.

[11] Ernst H. Gombrich, »The Renaissance – Period or Movement?« in: Arthur G. Dickens et al., *Background to the English Renaissance*, London 1974.

Italien: Malerei

[12] Erwin Panofsky, *Studies in Iconology*, New York 1939 [dt.: *Studien zur Ikonologie*, aus dem Amerikanischen von D. Schwarz, Köln 1980]. Das berühmteste Beispiel für eine »ikonographische« Interpretation der bildenden Künste.

[13] Edgar Wind, *Pagan Mysteries in the Renaissance*, rev. Ausgabe: Oxford 1980 [dt.: *Heidnische Mysterien in der Renaissance*, aus dem Englischen von C. v. Münstermann, Frankfurt / M. 1987]. Kundige und kluge neoplatonistische Interpretationen von Botticelli, Tizian u. a.

[14] Ernst H. Gombrich, *Symbolic Images*, London 1972. Eine eher skeptische Untersuchung zum selben Problembereich.

[15] Michael Baxandall, *Painting and Experience in Fifteenth Century Italy*, Oxford 1972 [dt.: *Die Wirklichkeit der Bilder. Malerei und Erfahrung im Italien des 15. Jahrhunderts*, aus dem Englischen von H. G. v. Holl, 2. Auflage: Frankfurt / M. 1985]. Eine historische Anthropologie der visuellen Kommunikation.

[16] C. Hope, »Artists, patrons and advisers in the Italian Renaissance« in: *Patronage in the Renaissance*, hrsg. G. F. Lytle und S. Orgel, Princeton 1981. Eine Kritik der gegenwärtig vorherrschenden Ansicht, die Malerei habe sich an gelehrter Programmatik orientiert.

[17] Bruce Cole, *The Renaissance Artist at Work*, London 1983. Beschäftigt sich mit der Ausbildung der Künstler, den verwendeten Materialien und den verschiedenen Gattungen.

[18] Samuel Y. Edgerton, *The Renaissance Rediscovery of Linear Perspective*, New York 1975.

Italien: Bildhauerei und Baukunst

[19] Charles Avery, *Florentine Renaissance Sculpture*, London 1970. Eine kurze Einführung.

[20] Charles Seymour, *Sculpture in Italy 1400–1500*, Harmondsworth 1966. Ein umfassender Überblick.

[21] Rudolf Wittkower, *Architectural Principles in the Age of Humanism*, 1949, [dt.: *Grundlagen der Architektur im Zeitalter des Humanismus*, aus dem Englischen von G. Lesser, München 1969]. Leistet für die Architektur, was Panofsky für die Malerei geleistet hat.

[22] Peter J. Murray, *The Architecture of the Italian Renaissance*, London 1963 [dt.: *Die Architektur der Renaissance in Italien*, aus dem Englischen von Karl E. u. Grete Felten, Stuttgart 1980]. Eine ebenso luzide wie nüchterne Einführung.

[23] L. Heydenreich und W. Lotz, *Architecture in Italy 1400–1600*, Harmondsworth 1974. Eine gründliche und gewissenhafte Untersuchung.

Italien: Geistesgeschichte

[24] Eugenio Garin, *Der italienische Humanismus*, aus dem Italienischen von G. Zamboni, Bern 1947 (rev. ital. Ausgabe: *L'umanesimo italiano*, Bari 1964). Häufig kritisiert, aber noch immer nicht überholt.

[25] Hans Baron, *The Crisis of the Early Italian Renaissance*, Princeton 1955. Betont die Verbindungen zwischen republikanischer Politik und »staatsbürgerlichem Humanismus«.

[26] J. Seigel, »Civic Humanism or Ciceronian rhetoric?« in: *Past and Present* 34 (1966). Eine Kritik an Baron.

[27] W. G. Craven, *Giovanni Pico della Mirandola*, Genf 1981.

[28] A. Grafton und L. Jardine, »Humanism and the School of Guarino« in: *Past and Present* 96 (1982). Kritisiert Garin und diskutiert die theoretischen und praktischen Aspekte der Erziehung.

[29] Felix Gilbert, *Machiavelli and Guicciardini*, Princeton 1965. Eine scharfsinnige Studie über zwei der wichtigsten Figuren im Umkreis des Humanismus.

[30] Charles L. Stinger, *Humanism and the Church Fathers*, Albany / NY 1977.

[31] Frances A. Yates, *Giordano Bruno and the Hermetic Tradition*, London 1964. Vgl. auch *Giordano Bruno in der englischen Renaissance*, aus dem Englischen von P. Krumme, Berlin 1989. Betont das humanistische Interesse am Okkulten.

[32] Eugenio Garin, *Lo zodiaco della vita. La polemica sull'astrologia dal Trecento al Cinquecento*, Rom und Bari 1976.

[33] Paul L. Rose, *The Italian Renaissance of Mathematics*, Genf 1975.

Die Renaissance außerhalb Italiens: Bildende Künste

[34] Erwin Rosenthal, »The diffusion of the Italian Renaissance style in Western Europe« in: *Sixteenth Century Journal* 9 (1978).

[35] Anthony Blunt, *Art and Architecture in France*, 1500–1700, 4. Auflage: Harmondsworth 1980.

[36] Michael Baxandall, *The Limewood Sculptors of Renaissance Germany*, New Haven/Conn. 1980 [dt.: *Die Kunst der Bildschnitzer. Tilman Riemenschneider, Veit Stoss und ihre Zeitgenossen*, aus dem Englischen von B. Sauerländer, 2. Auflage: München 1985]. Von viel breiterem Interesse, als der Titel vermuten läßt.

[37] Jan Bialostocki, *Art of Renaissance in Eastern Europe*, Ithaca/NY 1976. Eine gelungene Studie zur »Rezeption« italienischer Formen.

[38] R. J. Knecht, »Francis I: Prince and Patron« in: *The Courts of Europe*, hrsg. v. A. G. Dickens, London 1980. Vgl. auch Lucien Febvre, *Der neugierige Blick. Leben in der französischen Renaissance*. Berlin 1989.

Die Renaissance außerhalb Italiens: Ideen

[39] Daniel P. Walker, *The Ancient Theology*, London 1972. Über die Versuche, den Neuplatonismus mit dem Christentum zu vereinen.

[40] Frances A. Yates, *Astraea: The Imperial Theme in the Sixteenth Century*, London 1975. Wichtige Aufsätze zur politischen Bedeutung von Festen, Gedichten, Gemälden etc. in England und Frankreich.

[41] Donald R. Kelley, *Foundations of Modern Historical Scholarship*, New York 1970. Befaßt sich mit der Beziehung zwischen Sprache, Recht und Geschichte im Denken der französischen Humanisten.

[42] Quentin Skinner, *Foundations of Modern Political Thought*, 2 Bde., Cambridge 1978.

[43] J. Bentley, *Humanists and Holy Writ*, Princeton 1983. Gibt einen Überblick über die Auseinandersetzung des sechzehnten Jahrhunderts mit dem Neuen Testament.

[44] G. Kipling, *The Triumph of Honour: Burgundian Origins of the Elizabethan Renaissance*, Leiden 1977.

[45] Gerhard Oestreich, *Geist und Gestalt des frühmodernen Staates*, Berlin 1970. Legt besonderes Gewicht auf die Niederlande und auf Justus Lipsius.

Literatur

[46] Alban J. Krailsheimer (Hrsg.), *The Continental Renaissance*, Harmondsworth 1972. Einführender Überblick über die zeitgenössische Literatur in Frankreich, Deutschland, Italien und Spanien.

[47] L. W. Forster, *The Ice Fire*, Cambridge 1969. Eine vergleichende Untersuchung zum Petrarkismus.

[48] Terence C. Cave, *The Cornucopian Text*, Oxford 1979. Erörtert, welches Bewußtsein Autoren wie Erasmus, Rabelais, Ronsard und Montaigne für die Probleme des Schreibens besaßen.

[49] Thomas M. Greene, *The Light in Troy*, New Haven/Conn. 1982. Über Imitation und Aneignung in der italienischen, französischen und englischen Versdichtung.

[50] Daniel Javitch, *Poetry and Courtliness in Renaissance England*, Princeton 1978. Über Sidney, Spenser u. a.

[51] Stephen Orgel, *The Illusion of Power*, Berkeley und Los Angeles 1975. Zu Theater und Politik der englischen Renaissance.

[52] Stephen Greenblatt, *Renaissance Self-Fashioning from More to Shakespeare*, Chicago 1980. Eine neue Sicht auf den Individualismus der Renaissance. Vgl. auch *Verhandlungen mit Shakespeare*, aus dem Amerikanischen von Robin Crackett, Berlin 1990, Taschenbuchausgabe: Frankfurt/M. 1993.

Musik und Naturwissenschaft

[53] Claude Palisca, *Humanism in Italian Renaissance Musical Thought*, New Haven/Conn. 1985.

[54] E. Lowinsky, »Musik in the Culture of the Renaissance« in: *Journal of the History of Ideas* 15 (1954).

[55] Allen G. Debus, *Man and Nature in the Renaissance*, Cambridge 1978. Allgemeiner Überblick, besonders hilfreich, was die Alchemie betrifft.

[56] M. B. Hall, »Problems of the scientific Renaissance« in: Denys Hay et al., *The Renaissance Debate*, Melbourne/Flor. 1976.

Die Auflösung der Renaissance

[57] J. Shearman, *Mannerism*, Harmondsworth 1967. Ein lebendig ge-schriebener Überblick über die gesamten Künste.

[58] André Chastel, *Le sac de Rome*, Paris 1984. Über die kulturellen Aus-wirkungen der Eroberung Roms im Jahre 1527.

[59] R. J. W. Evans, *Rudolf II and his World*, Oxford 1973. Behandelt den Humanismus und den Manierismus.

[60] R. R. Bolgar (Hrsg.), *Classical Influences on European Culture 1500–1700*, Cambridge 1976. Verfolgt das Schicksal der klassischen Tradition in der frühen Neuzeit.

[61] Paul Fussel, *The Rhetorical World of Augustan Humanism*, Oxford 1965. Präsentiert Swift, Pope, Johnson, Reynolds, Gibbon und Burke als späte Humanisten.

[62] J. G. A. Pocock, *The Machiavellian Moment*, Princeton 1975. Enthält eine wichtige Erörterung des staatsbürgerlichen Humanismus im anglo-amerikanischen Denken des 17. und 18. Jahrhunderts.

Einzelpersonen

[63] Robert W. Hanning und David Rosand (Hrsg.), *Castiglione: the Ideal and the Real in Renaissance Culture*, New Haven / Conn. 1983.

[64] P. E. Russell, *Cervantes*, Oxford 1985.

[65] Erwin Panofsky, *The Life and Art of Albrecht Dürer*, 4. Auflage: Prince-ton 1955.

[66] James McConica, *Erasmus*, 1986.

[67] Martin Kemp, *Leonardo da Vinci*, Cambridge / Mass. 1981.

[68] Quentin Skinner, *Machiavelli*, Oxford 1980 [dt.: *Machiavelli*, aus dem Englischen von Martin Suhr, Hamburg 1988].

[69] Howard Hibbard, *Michelangelo*, London 1975.

[70] Peter Burke, *Montaigne*, Oxford 1981 [dt.: *Montaigne zur Einführung*, aus dem Englischen von T. Schideling, Hamburg 1985].

[71] Alistair Fox, *Thomas More: History and Providence*, Oxford 1982.

[72] Nicholas Mann, *Petrarch*, Oxford 1985.

[73] Michael A. Screech, *Rabelais*, London 1979.

[74] Michail M. Bachtin, *Rabelais und seine Welt. Volkskultur und Gegenkul-tur*, aus dem Russischen von G. Leupold, Frankfurt / M. 1987.

[75] Roger Jones und Nicholas Penny, *Raphael*, New Haven / Conn. 1983. Vgl. auch Enrico Castelnuovo, *Das künstlerische Portrait in der Gesell-schaft*. Berlin 1989, Taschenbuchausgabe: Frankfurt / M. 1993.

Mittelalter

[76] Johan Huizinga, *Herbst des Mittelalters* (1919), übersetzt von T. Wolff-Mönckeberg und K. Köster, 11. Auflage: Stuttgart 1975.

[77] Colin Morris, *The Discovery of the Individual: 1050–1200*, London 1972.

[78] C. N. L. Brooke, *The Twelfth-Century Renaissance*, London 1969.

[79] Alexander Murray, *Reason and Society in the Middle Ages*, Oxford 1978.

[80] C. S. Jaeger, *The Origins of Courtliness*, Philadelphia 1985.

[81] J. J. Murphy, *Rhetoric in the Middle Ages*, Berkeley 1974.

[82] H. J. Chaytor, *From Script to Print*, Cambridge 1945.

[83] R. R. Bolgar (Hrsg.), *Classical Influences on European Culture 500–1500*, Cambridge 1971.

Schluß

[84] Norbert Elias, *Über den Prozeß der Zivilisation* (1939), 7. Auflage: Frankfurt / M. 1980.

[85] Arnold Toynbee, *A Study of History*, Bd. 9, Oxford 1954.

[86] L. D. Reynolds und N. G. Wilson, *Scribes and Scholars*, 2. Auflage: Oxford 1974.

[87] C. Schmitt, »Towards a reassessment of Renaissance Aristotelianism« in: *History of Science* II (1973).

[88] William J. Bouwsma, »The Renaissance and the drama of European history« in: *American Historical Review* 84 (1979).

[89] Elizabeth L. Eisenstein, *The Printing Revolution in Early Modern Europe*, Cambridge 1983.

Der Verlag dankt dem Archiv für Kunst und Geschichte, Berlin, für die Reproduktion der Abbildungen auf den Seiten 2 / 3, 8, 10, 13, 20, 24, 25 (rechts), 28, 38, 43, 47, 52, 54, 67 (rechts), 80, 82, 91, 100 und 102.

Peter Burke
Ludwig XIV.
Die Inszenierung des Sonnenkönigs
Aus dem Englischen von Matthias Fienbork
Band 12337

Ludwig XIV., König von Frankreich, trat 1643 im Alter von vier Jahren die Nachfolge seines Vaters an und regierte 72 Jahre bis zu seinem Tode 1715. In dieser Zeit wurde unter Aufbietung aller damals verfügbaren Medien ein umfassendes Herrscherbild des »Sonnenkönigs« hergestellt. Diese Inszenierung des königlichen Spektakels fand statt in ausgefeilten Porträts, Gemälden, Münzen, Standbildern, Triumphbögen, Opern und Gedichten. Peter Burke, einer der interessantesten Kulturhistoriker unserer Zeit, rekonstruiert – chronologisch vorgehend – die allmählichen Entwicklungen sowie Wendepunkte der Geschichte und spannt den Bogen vom »Sonnenaufgang« bis zum »Sonnenuntergang«. Es entsteht ein plastisches Bild davon, wie schon zu Lebzeiten des »Sonnenkönigs« sein Mythos geschaffen wurde.

Fischer Taschenbuch Verlag

fi 6002 / 3

Peter Burke

Vico

Philosoph, Historiker, Denker
einer neuen Wissenschaft

Aus dem Englischen von Wolfgang Heuss

Band 10284

Giambattista Vico (1668-1744) ist eine der rätselhaftesten Gestalten der europäischen Geistesgeschichte. Seine Wirkung, die erst spät, nämlich Ende des 18., Anfang des 19. Jahrhunderts in Italien und dann auch im übrigen Europa einsetzte, ist eingehüllt in Mythenbildungen, die jedoch nicht verhindert haben, daß die außerordentlich vielfältigen Anregungen dieses Denkers für die neuzeitliche Geschichtsphilosophie, Anthropologie und Kulturgeschichte bis in die Gegenwart spürbar und rekonstruierbar sind, insbesondere in der Rechtstheorie, in der Soziologie und in den Debatten zwischen Geistes- und Naturwissenschaften. Peter Burke beschreibt in seiner Studie das Werk Vicos und dessen Rezeption. Er erhellt insbesondere die Modernität der Fragestellungen, die in Vicos Hauptschrift, der *Neuen Wissenschaft*, formuliert sind und die in der europäischen Geistesgeschichte tiefe Spuren hinterlassen haben. »Heutzutage, da die Kluft zwischen geistes- und naturwissenschaftlichen Ansätzen bei der Erforschung der menschlichen Gesellschaft langsam zum Abgrund wird, haben wir von Vico viel zu lernen.« (Peter Burke)

Fischer Taschenbuch Verlag

fi 6001 / 3

Peter Burke

*Städtische Kultur in Italien
zwischen Hochrenaissance und Barock*

Eine historische Anthropologie

Aus dem Englischen von Wolfgang Kaiser

Band 10331

Peter Burke, einer der bedeutendsten englischen Kulturhistoriker, nähert sich dem Netz aus religiösen und profanen Ritualen, das zwischen 1500 und 1700 das Leben in den italienischen Städten bestimmte, mit dem Blick des Anthropologen – darin nicht unähnlich einigen seiner Landsleute, die im 16. und 17. Jahrhundert Italien bereisten und über die dortigen Gebräuche staunten, sich ärgerten und darüber schrieben. Von ihnen ist in diesem Buch ebenso die Rede wie von einem langsamen Wandel kultureller Strukturen in einer Gesellschaft, in der es in den verschiedensten Zusammenhängen des Alltagslebens vor allem darauf ankam, eine gute Figur zu machen, eine angenommene oder zugewiesene Rolle perfekt zu spielen und für ein angemessenes Schauspiel zu sorgen. Burkes Analysen sind exemplarische Beiträge zum Verständnis des kulturellen Unterbaus einer Epoche, die die Moderne prägte. In 14 Kapiteln zeichnet Burke ein Bild Italiens des 16. und 17. Jahrhunderts, das nicht nur von Historikern, sondern auch von Literaturwissenschaftlern, Soziologen, Kunstgeschichtlern und Kulturanthropologen eingehend betrachtet werden sollte.

Fischer Taschenbuch Verlag

fi 6003 / 3

Kultur & Medien

  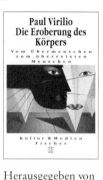

Herausgegeben von
Wilfried Barner/
Christoph König
Zeitenwechsel
Germanistische
Literaturwissen-
schaft vor und
nach 1945
Band 12963

Peter Burke
Die Renaissance
Band 12289

Jerome Charyn
Movieland
Hollywood und
die große ameri-
kanische Traumkultur
Band 12637

Michael Diers
Schlagbilder
Zur politischen
Ikonographie der
Bundesrepublik
Deutschland
Band 13218
(*in Vorbereitung*)

W. Stefan Elfenbein
**The New York
Times**
Macht und Mythos
eines Mediums
Band 13219

Herausgegeben von
Frithjof Hager/
Hermann Schwengel
**Wer inszeniert
das Leben?**
Modelle zukünf-
tiger Vergesellschaf-
tung. Band 12958

Bruno Hillebrand
**Theorie
des Romans**
Erzählstrategien
der Neuzeit
Band 13300

Maria Kniesburges
Die Schönredner
Politischer Jour-
nalismus in der
Bundesrepublik
Band 13286

Herausgegeben von
Paul Michael
Lützeler
**Schreiben
zwischen den
Kulturen**
Beiträge zur
deutschsprachigen
Gegenwartsliteratur
Band 12962

Marcel
Reich-Ranicki
Martin Walser
Aufsätze
Band 13000

Paul Virilio
**Die Eroberung
des Körpers**
Vom Übermenschen
zum überreizten
Menschen
Band 12994

Fischer Taschenbuch Verlag

fi 1713 / 3

Wissenschaft bei S. Fischer

Philippe Ariès /
Georges Duby (Hg.)
**Geschichte des
privaten Lebens**
5 Bände mit zahlreichen Abb.

1. Band:
**Vom Römischen Imperium
zum Byzantinischen Reich**
Paul Veyne (Hg.)
639 Seiten mit 490 Abb. Leinen
2. Band:
**Vom Feudalzeitalter
zur Renaissance**
Georges Duby (Hg.)
605 Seiten mit 480 Abb. Leinen
3. Band:
**Von der Renaissance
zur Aufklärung**
Philippe Ariès /
Roger Chartier (Hg.)
629 Seiten mit 440 Abb. Leinen
4. Band:
**Von der Revolution zum
Großen Krieg**
Michelle Perrot (Hg.)
659 Seiten mit 420 Abb. Leinen
5. Band:
**Vom Ersten Weltkrieg
zur Gegenwart**
Antoine Prost /
Gérard Vincent (Hg.)
621 Seiten mit 328 Abb. Leinen

Philippe Ariès /
André Béjin (Hg.)
**Die Masken des Begehrens
und die Metamorphosen
der Sinnlichkeit**
Zur Geschichte der
Sexualität im Abendland
272 Seiten. Broschur

Isaiah Berlin
**Das krumme Holz
der Humanität**
Kapitel der Ideengeschichte
Henry Hardy (Hg.)
340 Seiten. Gebunden

Marc Bloch
**Die seltsame Niederlage:
Frankreich 1940**
Der Historiker als Zeuge
285 Seiten. Gebunden

Fernand Braudel (Hg.)
**Europa: Bausteine
seiner Geschichte**
176 Seiten. Gebunden

Fernand Braudel /
Georges Duby /
Maurice Aymard
Die Welt des Mittelmeeres
Zur Geschichte und
Geographie kultureller
Lebensformen
192 Seiten. Gebunden

S. Fischer Verlag

fi 405 / 17 a

Wissenschaft bei S. Fischer

Ernst Cassirer
Versuch über den Menschen
Einführung in eine Philosophie
der Kultur. *384 Seiten. Geb.*

Pierre Chaunu /Georges Duby
Jacques Le Goff /
Michelle Perrot
Leben mit der Geschichte
Vier Selbstbeschreibungen
246 Seiten. Broschur

Umberto Eco
Apokalyptiker und Integrierte
Zur kritischen Kritik der Mas-
senkultur. *336 Seiten. Broschur*

Jacques Heers
**Vom Mummenschanz
zum Machttheater**
Europäische Festkultur im
Mittelalter. *351 Seiten. Leinen*

Lynn Hunt
**Symbole der Macht
Macht der Symbole**
Die Französische Revolution
und der Entwurf einer
politischen Kultur
336 Seiten. 22 Abb. Gebunden

(Hg.) Jacques Le Goff /
Roger Chartier / Jacques Revel
**Die Rückeroberung des
historischen Denkens**
Grundlagen der Neuen
Geschichtswissenschaft
288 Seiten. Gebunden

Claude Lévi-Strauss /
Didier Eribon
Das Nahe und das Ferne
Eine Autobiographie
in Gesprächen
262 Seiten. Gebunden

Alfred Lorenzer
Intimität und soziales Leid
Archäologie der Psychoanalyse
221 Seiten. Gebunden

Herfried Münkler
Im Namen des Staates
Die Begründung der Staats-
raison in der Neuzeit
428 Seiten. 30 Abb. Leinen

Oskar Negt /Alexander Kluge
**Maßverhältnisse des
Politischen**
15 Vorschläge zum Unter-
scheidungsvermögen
342 Seiten. Gebunden

Michelle Perrot (Hg.)
Geschlecht und Geschichte
Ist eine weibliche Geschichtsschreibung möglich?
256 Seiten. Broschur

Mario Praz
Der Garten der Sinne
Ansichten des Manierismus
und des Barock
272 Seiten mit Abb. Leinen

S. Fischer Verlag

fi 405 / 6 b

Wissenschaft bei S. Fischer

Ulrich K. Preuß
**Politische Verantwortung
und Bürgerloyalität**
Von den Grenzen der Verfassung und des Gehorsams
in der Demokratie
295 Seiten. Broschur

Jacques Ranciere
Die Namen der Geschichte
Versuch einer Poetik
des Wissens
160 Seiten. Gebunden

Dieter Richter
Das fremde Kind
Zur Entstehung der Kindheitsbilder im bürgerlichen
Zeitalter
349 Seiten. 30 Abb. Leinen

Marthe Robert
Einsam wie Franz Kafka
236 Seiten. Gebunden

Edward W. Said
Kultur und Imperialismus
Einbildungskraft und Politik
im Zeitalter der Macht
480 Seiten. Leinen

Elaine Scarry
Der Körper im Schmerz
Die Chiffren der Verletzlichkeit
und die Erfindung der Kultur
576 Seiten. Gebunden

Richard Sennett
Autorität
238 Seiten. Broschur
Civitas
Die Großstadt und die
Kultur des Unterschieds
343 Seiten. Gebunden

Jean Starobinski
**Die Erfindung der Freiheit
1700 – 1789**
220 Seiten. 126 Abb. Leinen
Gute Gaben, schlimme Gaben
Die Ambivalenz
sozialer Gesten
*196 Seiten. 97 Abbildungen.
Gebunden*
**Porträt des
Künstlers als Gaukler**
Drei Essays
168 Seiten. 58 Abb. Leinen
Das Rettende in der Gefahr
Kunstgriffe der Aufklärung
398 Seiten. Gebunden

Michael Walzer
Zweifel und Einmischung
Gesellschaftskritik im
20. Jahrhundert
352 Seiten. Gebunden

Hayden White
Metahistory
Die historische Einbildungskraft im 19. Jahrhundert
in Europa
591 Seiten. Gebunden

S. Fischer Verlag

fi 405 / 3 c

Fischer Wissenschaft
Eine Auswahl

Maurice Agulhon
Der vagabundierende Blick
Für ein neues Verständnis politischer Geschichtsschreibung
Band 11582

Michail M. Bachtin
Formen der Zeit im Roman
Untersuchungen zur
historischen Poetik
Band 7418
Literatur und Karneval
Zur Romantheorie
und Lachkultur
Band 7434

Pierre Bourdieu
Satz und Gegensatz
Über die Verantwortung
des Intellektuellen
Band 11007

Ernst Cassirer
Der Mythus des Staates
Band 7351

Enrico Castelnuovo
**Das künstlerische Portrait
in der Gesellschaft**
Das Bildnis und seine
Geschichte in Italien
von 1300 bis heute
Band 11005

Mary Douglas
**Ritual, Tabu und
Körpersymbolik**
Sozialanthropologische Studien
in Industriegesellschaft und
Stammeskultur. Band 7365

Vilém Flusser
Gesten
Hat Schreiben Zukunft?
Band 10906

Clifford Geertz
Die künstlichen Wilden
Der Anthropologe
als Schriftsteller
Band 11279

Friedrich Gundolf
**Anfänge deutscher
Geschichtsschreibung von
Tschudi bis Winckelmann**
Band 11241

Herbert Heckmann/
Gerhard Dette (Hg.)
Erfahrung und Fiktion
Arbeitswelt in der deutschen
Literatur der Gegenwart
Band 11714

Heidrun Hesse
**Vernunft und
Selbstbehauptung**
Band 7343

Fischer Taschenbuch Verlag

fi 406 / 15 a

Fischer Wissenschaft
Eine Auswahl

Max Horkheimer
**Zur Kritik der
instrumentellen Vernunft**
Band 7355

Wolfgang Kersting
**Politische Philosophie
der Gegenwart**
Band 12508

Alfred Lorenzer
Intimität und soziales Leid
Archäologie
der Psychoanalyse
Band 11749
Das Konzil der Buchhalter
Die Zerstörung der Sinnlichkeit
Eine Religionsgeschichte
Band 7340

Herfried Münkler
Gewalt und Ordnung
**Das Bild des Krieges im
politischen Denken**
Band 10424
Machiavelli
Die Begründung des politischen
Denkens der Neuzeit aus der
Krise der Republik Florenz
Band 7342
**Politische Bilder,
Politik der Metaphern**
Band 12384

Jean Piaget
Biologie und Erkenntnis
Band 11200

Leo Spitzer
Texterklärungen
Aufsätze zur
europäischen Literatur
Band 10082

Jean Starobinski
Montaigne
Denken und Existenz
Band 7411
Montesquieu
Band 12774
Das Rettende in der Gefahr
Kunstgriffe der Aufklärung
Band 11242
Rousseau
Eine Welt von Widerständen
Band 10255

Matthias Waltz
Ordnung der Namen
Die Entstehung der Moderne:
Rousseau, Proust, Sartre
Band 11920

Hayden White
Metahistory
Die historische Einbildungs-
kraft im 19. Jahrhundert
in Europa
Band 11701

Fischer Taschenbuch Verlag

fi 406 / 11 b

Fischer Wissenschaft

Eine Auswahl

Philippe Ariès/André Béjin/
Michel Foucault u.a.
**Die Masken des Begehrens
und die Metamorphosen
der Sinnlichkeit**
Band 7357

Aleida Assmann/
Dietrich Harth (Hg.)
**Mnemosyne.
Formen und Funktionen
der kulturellen Erinnerung**
Band 10724
**Kultur als Lebenswelt
und Monument**
Band 10725

Gaston Bachelard
Epistemologie
Band 11703
Poetik des Raumes
Band 7396
Psychoanalyse des Feuers
Band 10253

Roger Chartier
**Die unvollendete
Vergangenheit**
Geschichte und die Macht
der Weltauslegung
Band 10968

Pierre Chaunu
**Europäische Kultur im
Zeitalter des Barock**
Band 7421

Georges Duby
**Die Frau ohne Stimme.
Liebe und Ehe im Mittelalter**
Band 11004
**Der heilige Bernhard und die
Kunst der Zisterzienser**
Band 10727
**Der Sonntag von Bouvines
27. Juli 1214**
Band 12284
**Wirklichkeit und
höfischer Traum**
Zur Kultur des Mittelalters
Band 10252

Umberto Eco
Apokalyptiker und Integrierte
Band 7367

Lucien Febvre
Das Gewissen des Historikers
Band 10332

Moses I. Finley
**Quellen und Modelle
in der Alten Geschichte**
Band 7373

Michel Foucault
Die Geburt der Klinik
Band 7400
Die Ordnung des Diskurses
Band 10083
Schriften zur Literatur
Band 7405

Fischer Taschenbuch Verlag

fi 513 / 11 a

Fischer Wissenschaft
Eine Auswahl

Michel Foucault
**Von der Subversion des
Wissens.** Band 7398

François Furet/Denis Richet
Die Französische Revolution
Band 7371

Dirk Hoeges
**Kontroverse am Abgrund:
Ernst Robert Curtius
und Karl Mannheim**
Intellektuelle und »frei-
schwebende Intelligenz« in
der Weimarer Republik
Band 10967

Ralf Konersmann
Lebendige Spiegel
Die Metapher des Subjekts
Band 10726
Der Schleier des Timanthes
Perspektiven der historischen
Semantik. Band 11923

Werner Krauss
Vor gefallenem Vorhang
Aufzeichnungen eines
Kronzeugen des Jahrhunderts
Band 12771

Wolfgang Küttler/Jörn Rüsen/
Ernst Schulin (Hg.)
Geschichtsdiskurs
Band 1: Grundlagen und
Methoden der Historiographie-
geschichte. Band 11475

Wolfgang Küttler/Jörn Rüsen/
Ernst Schulin (Hg.)
Band 2: Anfänge modernen
historischen Denkens
Band 11476
Band 3: Die Epoche
der Historisierung
Band 11477 *(in Vorbereitung)*

Jacques LeGoff/Roger Chartier/
Jacques Revel (Hg.)
**Die Rückeroberung des
historischen Denkens**
Band 12033

Hans Mcdick
Mikro-Historie
Band 11065 *(in Vorbereitung)*

Ulrich K. Preuß
**Revolution, Fortschritt
und Verfassung**
Band 11921

Thorstein Veblen
Theorie der feinen Leute
Band 7362

Paul Veyne
**Die Originalität
des Unbekannten**
Für eine andere
Geschichtsschreibung
Band 7408

Fischer Taschenbuch Verlag

fi 513 / 11 b

CARLO M. CIPOLLA

GELD-ABENTEUER

Extra vagante Geschichten aus dem europäischen Wirtschaftsleben

Das liebe Geld und seine besondere Faszination.
Kuriositäten aus der Frühgeschichte des Bank- und Handelswesens,
erzählt von einem Historiker internationalen Ranges.

Aus dem Italienischen von Friederike Hausmann
SALTO. Rotes Leinen. 112 Seiten.

IRVING LAVIN

PICASSOS STIERE

oder Die Kunstgeschichte von hinten

Picassos bekannte Stierserie als Blick zurück und nach vorn,
Zurück zu den Graffiti der Renaissance und den eiszeitlichen
Felszeichnungen und zugleich zurück zu den Kritzeleien der eigenen
Kindheit und voran zu den Abstraktionen der Moderne.

Aus dem Amerikanischen von Wolfgang Heuss
KKB 49. 96 Seiten mit 95 Abbildungen.

HORST BREDEKAMP

ANTIKENSEHNSUCHT UND MASCHINENGLAUBEN

Die Geschichte der Kunstkammer und die Zukunft der Kunstgeschichte

Ein historischer Rückblick nach vorn
über die Verbindung zwischen Kunst und Technik.
Vor diesem Hintergrund gewinnen Geschichte und Formen der
Kunstkammer eine neue Aktualität.

KKB 41. 128 Seiten mit 42 Abbildungen.

*Wenn Sie mehr über unsere Bücher wissen wollen,
schreiben Sie uns eine Postkarte.
Wir schicken Ihnen gern unseren jährlichen Almanach ZWIEBEL:*

Verlag Klaus Wagenbach, Ahornstraße 4, 10787 Berlin

Wagenbach